退職のプロが教えます！

会社のきれいなやめ方

弁護士による
退職代行サービス研究会

自由国民社

はしがき

「会社をやめたくてもやめられない」……今、そのようなご相談が増えています。

少子高齢化に伴う深刻な人手不足を背景として、「退職を申し出ても引き止められ、やめさせてもらえない」というトラブルが増加しているのです。

私は、これまで弁護士として、このような「やめたくてもやめられない」方々のご相談を数多くお受けし、ご依頼のある場合には「退職代行サービス」を提供して、会社との間で退職に関する様々な交渉を行ってきました。

そして、たくさんの「退職代行サービス」を実施する中で、次のように感じるようになりました。

——退職トラブルの根本的な原因は、雇う側にも雇われる側にも、労働法に関する知識が不足していることなのではないか、と。

退職とは、法的にいえば、従業員からの労働契約の解約のことです。「労働契約の解約」ですから、もちろん法律に様々なルールが定められていますし、トラブルに発展してしまった場合の裁判例もたくさんあります。

しかしながら、学校で、退職を含めた「働くこと」について、法的なルールや裁判例を教えてもらう機会は、ほぼありません。

インターネットには、膨大な情報が溢れているものの、中には誤った情報も多く、基礎的な知識がなければ、どの情報を信用していいのか判断さえつきません。

これでは、どうやって退職したらよいのか、また、退職トラブル、例えば暴言や暴力を用いた慰留ハラスメントを受けてしまった際にどう対応したらよいのか、わからなくて途方に暮れてしまうのも無理はありません。

そこで、退職の際の法的なルールや退職トラブルの対処法について、なるべく多くの方に、正確な知識を身に着けてほしいと思い、この本を書くことにしました。

この本では、実際に退職トラブルを扱った経験を有する弁護士や、退職手続に精通した社会保険労務士が、退職を伝える方法・ルール、退職時にチェックすべきポイント、退職時に起きがちなトラブル、退職時の社会保険・雇用保険、税金等の諸手続き等、退職に際して知っておいてほしいことを一冊にまとめました。

退職に対して不安を抱えている方も、現に退職トラブルに巻き込まれている方も、また家族や親しい人が退職トラブルに巻き込まれていて心配な方も、退職について悩んだ際には、まずはぜひこの本を手に取っていただければ幸いです。

小澤　亜季子

目次

第2章 退職とお金の問題
——お金をめぐるトラブルと法律の決まり

第3章

やめるにあたって、気になることがあります！

第4章

損しないように知っておくべき やめる時&やめた後の手続き情報

序章

「やめる」と言っているのにやめさせてもらえない

会社をやめたい。
でも、やめられない……。

昨今、会社を退職したいのに退職できないという相談が増えています。こういったニーズを捉えた「退職代行」なるサービスもよく耳にするようになりました。

他方で、「やめられないってどういうこと？」「直属の上司に言えないなら人事に直接言えばいいのに……」といった声も聞こえてきます。

退職したいのにやめられない方がどんなことに悩み、なぜやめられないのか、弁護士として退職についてのご相談を受ける中で出会ったケースをご紹介しましょう（実際にあったご相談に若干の改変を加えています）。

事件簿1　「後任が決まるまで待ってほしい」と言われて……

コンピューターシステムの開発会社で働いていた加藤さん（仮名）は、プロジェクトのリーダーを務めるなど、開発の現場で中心的な役割を担っていました。

加藤さんは、所属していた会社に特別な不満があったわけではありませんが、新たな環境を求めて転職を決意し、５月の連休明けに、６月末を最終出社日とし、その後約１か月分残っていた有給休暇を取得して、７月末頃に退職したい意向を会社に伝えました。

当初、会社は、７月末をもって退職とする手続きを進めていると加藤さんに伝えていました。しかし、その後上司から、現在担当しているプロジェクトの納期である7月末までは出勤してほしいと言われてしまいました。加藤さんは、お客様に迷惑がかかってはいけないと考え、担当しているプロジェクトを終わらせてから退職しようと思い直し、７月末までの出勤を承諾しました。

加藤さんとしては、7月末まで出勤し、8月いっぱい有給休暇を取得して退職するつもりでしたが、7月末が近づくと、今度は上司から「後任で来るはずだった者が来られなくなったので、次の後任が見つかるまで残ってほしい」と言われてしまいました。

加藤さんは、このままでは自力で退職できないのではないかと考えてご相談にいらっしゃったのです。

事件簿2　残業・パワハラが続き、やめたいと伝えたら社長室で延々と……

化粧品輸入会社に勤めていた佐々木さん（仮名）は語学が堪能で、海外とのやりとりが頻繁な会社の中で、頼られることの多い存在でした。このため、佐々木さんに業務が集中しすぎ、1人で残業する日々が続きました。

佐々木さんは、業務が自分にばかり偏りすぎて辛いということを管理職である上司に相談しました。しかし、上司は業務が集中しているのは佐々木さんの責任であると大声で責めたて、話し合いになりません。このことを機に、佐々木さんは上司から業務中に怒鳴られたり、誹謗中傷されたりすることが増えてしまいました。

佐々木さんは、これ以上この会社で働き続けることは難しいと考え、会社に退職の意向を伝えました。すると今度は社長室に呼び出され、そこで上司と社長の2人から延々と業務遂行能力・業務管理能力のなさを責めたてられてしまったのです。

佐々木さんは、高圧的に怒鳴りつけてくる上司や社長と再び対峙することには耐えられないと考え、弁護士に相談するに至りました。

ここまで、退職についての事件を2つご紹介しました。

会社を退職することができない理由は、まさに千差万別ですが、大きく2つのケースに分けることができます。

一つは、退職の意向を伝えたものの退職手続きをとってもらえないケースです。ご紹介した事件簿1と2は、このケースに該当します。

次にご紹介するケースは、そもそも退職の意思を自分で表明できないというものです。

事件簿3　人手不足でやめさせてもらえそうにない

今田さん（仮名）は、建築関係の会社に長年勤めてきました。気の優しい今田さんは部下からは慕われていましたが、異動してきた新しい上司とそりが合いませんでした。

今田さんは、退職を決意して転職活動を行い、転職先を見つけることができました。そこで、会社に退職の意向を伝えようとしましたが、繁忙期に入る直前であったこと、先月にも同僚がやめたばかりで人手不足であること、また、再来月には部下も退職したい旨の相談を受けており、部下が退職した後では人手不足に拍車がかかることから、引き止めにあい、退職させてもらえないのではないかと考えました。

しかし、転職先が決まっていることから、今田さんとしては確実に退職して次の会社へ移りたいという思いがありました。

そこで、退職に関する交渉を第三者である弁護士に依頼しようと考えたのです。

事件簿4　会社に出向けなくなってしまって……

近藤さん（仮名）は、介護食等を配達する会社に入社しました。

しかし、入社する前に聞いていた職務内容と実際の職務内容が異なり、仕事についていくことができず、辛い毎日が続いていました。仕事が思うように進まないためか、上司からの叱責が日ごとに厳しくなり、体にも不調が現れるようになりました。

近藤さんは、会社に行くことや会社の人に会うことが次第に辛くなり、ついには出社することができなくなってしまいました。そして、しばらくは有給休暇を取得して会社を休んでいましたが、ついに退職を決意しました。

しかし、近藤さんは会社に出向くことができず、退職の意思を伝えることができなかったため、弁護士のもとに相談に向かったのです。

◆やめられない理由はどこに？

総務省統計局の調査によると、転職者の数は年々増加傾向にあり、転職することは決して珍しいことではなくなりました。退職者が増えている背景には、終身雇用の終焉という時代背景があるのかもしれません。

しかし、いざ会社をやめるとなると、そのために大変なエネルギーを要します。特に、人手不足から、やめたいと会社に伝えても取り合ってもらえなかったり、様々な理由をつけて引き止められたりすれば、なおさらです。

そして、会社という大きな存在と一被雇用者にすぎない個人の交渉力の差は歴然としており、個人が会社と対峙することの困難性は想像に難くありません。

その打開策として会社との交渉を代理人に委ねるという方法を選択する方が増えているのではないでしょうか。

第1章

「やめる」と言うまでに知っておいた方がいいこと

——退職の基礎知識

Q 1

会社をやめることについてのルールはどうなっている?

会社を退職することの第一歩は、「会社をやめたい」というあなたの意思を会社へ伝えることです。

いわゆる正社員の方（期間の定めのない雇用契約を締結している方）の場合、民法上、雇用契約解約の申し入れから2週間経過することによって雇用関係は終了するとされています。したがって、やめたいと考えている日の2週間前までに会社に申し出ることが要求されていると言えます。

◆合意退職と辞職

会社と従業員の間の雇用契約を終了させる方法として、次の3つを挙げることができます（定年退職と解雇を除きます）。

① 合意退職（従業員と使用者という両当事者の合意による雇用関係の終了）

② 辞職（一方当事者である従業員の意思表示による労働契約の解約）

③ 期間の定めがある労働契約における期間の満了

このうち、①および②の方法の場合には、従業員であるあなたから会社をやめたいと言い出さなければ退職に向けた手続き・交渉は始まりません。

また、③の場合にも、期間満了後に事実上雇用関係が継続すれば、従前と同一の雇用条件でさらに雇用を継続したことが推定され、雇用関係は引き続き存続します。

◆やめることをいつまでに伝えなければならないのか

　では、従業員であるあなたの側から雇用関係の解消を申し出る場合、法的にはいつまでに申し出ることが要求されているのでしょうか。

　①の合意退職を目指す場合でも、合意ができない場合（この場合は②の辞職という方法で退職することになります）に備えて、退職の意思を伝える時期を検討すべきですので、次のルールを抑えておいてください。

　いわゆる正社員の方（期間の定めのない雇用契約を締結している方）の場合、民法上、**雇用契約解約の申し入れから2週間経過することによって雇用関係は終了する**とされています。したがって、**やめたいと考えている日の2週間前までに会社に申し出る**ことが要求されていると言えます。

　ただし、このルールは正社員の方で、かつ月給として月を単位に基本給を定め、欠勤や遅刻・早退などがあった場合に、その分給与から賃金控除を行うような給与形態の場合に適用が限定されます。

月給として月を単位に給与を定め、実際の出勤日数に関係なく、定められた給与を支払うといった給与形態になっている場合や年俸制が採用されている場合、また契約社員の場合についてはＱ８（56ページ）をご確認ください。

◆だれにどのように伝えなければならないのか

従業員側から退職の申し入れをする場合には、使用者である会社にその意思が伝われば申し入れの方法は問われません。

通常は、直属の上司に対して申し入れを行って退職に向けた話し合いが進んでいくのですが、交渉が思うように進まなかったり、退職の意向を取り合ってもらえないということもあるようです。

退職申し入れの日は、いつやめられるかという問題に直結してきます。口頭での申し入れとともに、日付入りの退職願を書面（この場合は必ずコピーをとって手元に残しておきましょう）やメールで提出するなど、退職の申し入れを記録に残すといいでしょう。退職の申し入れの方法については、Q10（65ページ）をご参照ください。

Q 2

ＬＩＮＥで「やめたい」と連絡すればやめられる？

やめる気持ちを伝える手段は自由です。もちろん、ＬＩＮＥなどのメッセージでもやめる意思を伝えることは可能です。会社をやめる気持ち（意思）を会社に正確に伝えることができればいいのです。

ただし、会社側の事情を考慮すれば、ＬＩＮＥのメッセージを送るだけで会社が納得するケースは少ないのではないかと思います。

近年ＬＩＮＥなどのコミュニケーションツール（ＳＮＳ）が広まっており、これまでの連絡に比べて気軽に、しかも、タイムリーにコミュニケーションを行うことが可能になりました。こうしたツールは、本人の気持ちを他人に伝えるためのツールですから、そこでの発信は、本人の気持ちの発信と同じことになります。

やめる気持ちを伝えるツール（手段）は自由ですので、ＬＩＮＥなどのＳＮＳのメッセージでも可能です。

会社をやめる意思を伝える方法は、法律上、「書面で行うことが必要」などと定められているわけではありません。そのため**従業員は、会社をやめる気持ち（意思）を会社に正確に伝えることができれば、どのような手段であっても退職の連絡は可能です。**

とはいえ、ＬＩＮＥなどの気軽なツールでやめることを伝えるには、注意も必要となります。

◆会社側の事情を考えてみよう

会社をやめるということは、会社で働き始めるときに会社と従業員の間で交わした労働契約を終了したいという気持ちを伝えるわけですから、従業員と会社の双方が合意の上で退職できるのが好ましいでしょう。

従業員が退職するにあたり、会社から所定の手続きを要求されることがあります。例えば、「会社で定められた書類（辞職願など）を提出し、上司との面談を踏まえた上で、退職の決定を行う」などの規定です。

やめる気持ちを伝えるツール（手段）が自由であるとしても、ＬＩＮＥで退職の意思を表示された場合、会社側としては確認したいと思うことがあるでしょう。

例えば、従業員の「退職する」という気持ちが一過性のものでなく固いものなのか、職場環境が改善されることなどによって引き続き働く方向に考え直してもらうことはできないのか、そもそも本当に従業員自身がＬＩＮＥを送信したのかどうか（第三者によるなりすましやいたずらではないか）といったことについてです。

◆気軽にLINEで退職を伝えると、後から時間や手間がかかることも

ＬＩＮＥで退職の気持ちが伝えられたからといって、会社側が「はい、そうですか」と納得しないということも想像できます。そのため、会社から従業員に連絡して退職の意思確認をしたり、「規定の書類を出さなければ退職は認めない」などと言われたりするなど、トラブルに発展することがあります。

法律的にはＬＩＮＥでの退職の連絡は有効ではあるとしても、実際の実務、特に会社側の事情を考慮すれば、ＬＩＮＥでの連絡をもって、会社が納得するケースは少ないのではないかと思います。

Ｑ３（32ページ）やＱ10（65ページ）も参考にしていただければと思いますが、会社が規定した書式での提出や、会社が要求する面談を行わなければ、退職できないわけではあ

りません。

けれども、ＬＩＮＥで「やめたい」という連絡をするだけでやめるのではなく、もう少しかしこまった形式で、退職の気持ちを伝えるのが望ましいといえるでしょう。

Q3

退職願と退職届の違いは？退職願を出すだけではやめられないのか？

退職願は、「退職を行う気持ちがあります」と会社におうかがいをたてる書類です。

退職届は、「確実な退職の気持ち」を会社に伝える書類です。

退職願を提出しても、会社が承諾する前であれば従業員の都合で撤回することができますが、退職届の場合は、会社の承諾がなくても法律で定められた期間を過ぎれば自動的に退職となります。

退職願と退職届は、似た言葉ではありますが、趣旨は異なります。

退職するときには「退職届を提出しなければならない」という会社もある一方で、「まず退職願を上司に提出することが必要」という会社もあるようです。

◆退職願の性質

退職願は、いうなれば従業員から「退職を行いたいのですが、会社として私の退職に合意していただけますか？」とおうかがいをたてる書面です。

そのため、会社の承諾を得る前であれば、退職願を提出した従業員だけの判断で「やっぱり退職はやめた」と撤回することも可能です。

◆退職届の性質

一方、退職届は、法律の定めにしたがったもので、**従業員からの一方的な通知によって、会社との労働契約の解約を求める書類です。**そのため、会社の合意がなくても、法律上、定められた期間を過ぎれば自動的に退職となります。

なお、この点、会社の就業規則によって、法律より長い期間の経過をもって退職とすると規定される場合もありますが、就業規則より法律が優先すると一般的には考えられています。詳しくは、Q6（56ページ）を参照ください。

そのため、**退職届を提出した従業員が「やっぱり退職するのはやめたい」となっても、会社側の同意を得られない限り、退職の撤回はできないのです。**この点が退職願と大きく異なる点です。

◆退職願と退職届作成時の注意点

いずれの書類も会社に対して退職について伝える書面です。会社の就業規則によって、提出様式が定まっている場合もあります。法律上は、就業規則によって定められている様式での提出が義務付けられてはいないので、どのような様式であっても構いませんが、通常は、会社によって定められた所定の様式をもって書類を作成します。

また、退職願は、あくまで会社に対して退職のおうかがいをする書面であるため、転職などでいつまでの退職が決まっている場合には、その旨もきちんと上司に相談することも会社への配慮として必要とされます。

◆会社都合の退職で退職届を出す場合

会社の都合で退職する場合には、退職願も退職届も提出は不要です。

会社都合での退職なのに退職届を求められ、どうしても出さなければならない場合には、退職届に「一身上の都合」と書くと、会社都合退職であっても、自己都合退職として扱われ、失業保険の金額や期間が変わる場合があるので注意が必要です。

会社都合退職の場合は、「営業所閉鎖のため」「部門縮小のため」「早期退職勧奨のため」など、会社と合意した具体的な退職理由を記載することになります。会社都合退職の場合、退職願の提出は不要です。

退職願の例

退職願

私事、

この度は、一身上の都合により、
令和◎年□月□日をもちまして退職いたしたく、
ここにお願い申し上げます。

令和◎年◎月◎日

担当部署名　　退職者氏名　㊞

株式会社□□□□
代表取締役□□□□　殿

退職届の例（自己都合退職）

退職届

私事、

この度は、一身上の都合により、
令和◎年□月□日をもちまして退職いたします。

令和◎年◎月◎日

担当部署名　　退職者氏名　㊞

株式会社□□□□
代表取締役□□□□　殿

退職届の例（会社都合退職）

退職届

私事、

この度は、○○営業所閉鎖に伴う会社都合により、
令和◎年□月□日をもちまして退職いたします。

令和◎年◎月◎日

担当部署名　　退職者氏名　㊞

株式会社□□□□
代表取締役□□□□　殿

Q 4

退職理由はどうしても会社に伝えなければならないの？

退職理由を伝える必要はありません。退職願や退職届には「一身上の都合」と書いておけば十分です。

ただし、会社から退職理由を問われた場合は、会社の不満などを伝えてしまうと、「それを改善するから退職しないでほしい」と引き止められる可能性もあります。

伝えるのであれば、個人的な事情による理由を伝えるのが無難です。

働く人には、仕事を選ぶ（職業選択の自由）が憲法で保障されています。そのため、会社をやめるのにも自由が認められていますし、退職の理由によってやめることができないとすれば、働く権利を侵害してしまうことにもつながりかねません。

結論からお伝えすれば、**退職理由は伝える必要はない**ということになります。

もっとも、会社としては、必要最低限知りたいと思うこともあるので、会社がどのような点で退職理由を知りたいのかを考えてみることも必要かもしれません。

◆会社が知りたい理由

昨今の人材不足の中、会社としては少しでも従業員に在籍してほしいと願うことが一般的です。

家庭や健康面の事情でどうしても退職しなければならないこともあるかもしれませんが、退職の本当の理由は、そのほとんどが、会社に対する様々な不満であることが多いのが実情です。

そして、もちろん会社としても、このような理由をわかっているからこそ、きちんと社内の問題点を把握して、改善が可能であれば、改善に努めて、少しでも従業員に在籍してもらいたいと思うわけです。

ここに、会社が退職理由を知りたいと思う会社の本音があります。

しかし、従業員としては、考え抜いた結果として退職という選択を行うことにしたわけですから、会社側の今後の改善など、どうでもいい事情ともいえます。

「訴えるつもりはないけれど、パワハラ・セクハラがあった」

「同僚と馬が合わない」

「給料が安い」

こんな退職理由を正直に伝えてしまったら、それこそ退職後に怨恨を残すことにもつながりかねません。

そこで、退職理由は伝える法的な義務はありませんので、あたりさわりのない退職理由を会社に伝えることも往々にしてあるようです。

Q 5

退職するけれど、なるべく迷惑をかけたくない。どうすればいいのか？

そもそも退職という行動自体が会社に迷惑をかけることだと割り切りましょう。どんなに丁寧に引き継ぎを行ったとしても、迷惑はかかります。

退職に伴い、会社に迷惑がかかったとしても、就業規則や慣例、法律に則り、きちんと手順にしたがって退職手続きを行えば、従業員の側に責任は生じません。

なお、退職時期については柔軟に協議しながら決めることが重要です。

あなたが社内において何らかの事業の責任者であるとします。事業の詳細は責任者であるあなたにすべて蓄積されているので、退職すれば影響は必ず出てしまいます。そんな状況では、退職すると決意しても、なかなか言い出しにくいことでしょう。

一方で、働く人にとっては、憲法において職業を選択する自由が保障されています。

退職すれば少なからず会社に迷惑をかけてしまう場合、会社への影響と個人の自由をどのように調整を図るかがポイントとなります。

このような場合の考え方ですが、**退職という行動自体が、会社に迷惑をかけることだと割り切り、きちんとできる範囲でできることさえ行えば十分であるという気持ちでいることが重要である**と思います。

◆そもそも退職とは

退職手続きは、会社で働き始めるときに会社と交わした労働契約を終了させる手続きです。あなたという有能な人材がいなくなるという面で、会社から見れば損失（迷惑）ともいえます。

しかし、労働契約は、あくまで従業員と会社との間で取り交わされた契約でつながった関係に過ぎず、従業員としてきちんと手続きにしたがって契約の解消を行えば、会社目線から見たときの損失（迷惑）というのは、会社側において負担しなければならない責任といえます。

つまりは、有能な人材が退職しないように、企業努力を行ってきたのかという点に尽きます。例えば、人が足りないのであれば、現場の声を吸い上げて人員補充したのかどうか、給料などの待遇が悪いのであれば、待遇改善のために経営努力をしたのかどうか、という点です。

さらにいえば、会社経営のリスクとして、従業員がやめるかもしれないということは常に意識していなければならない事柄といえます。

したがって、退職に伴って、仮に会社に損失（迷惑）がかかったとしても、きちんと手順にしたがって退職手続きを行った以上、従業員の責任は一切ないと断言できます。

ですから、**従業員としては、会社において定められた退職の手続きをきちんと行うこと**

が、重要といえます。

◆会社で定められている退職に関する流れの確認

会社で定められている方法で退職手続きを行うには、就業規則がある場合には、まずはそれを参考にしながら進めることとなります。もしも、就業規則が確認できない場合には、これまでの慣例や、慣例がない場合には、法律の原則（Q1　22ページ参照）にしたがって進めます。ただし、**退職時期は柔軟に協議しながら決めることが重要です。**

もっとも、従業員の考えとして、ある程度、退職時期が先になってもかまわないのであれば、就業規則の規定に沿った退職を行うなど、柔軟に対応することも必要です。

Q 6

就業規則に「3か月前までに申し出」と書いてあったら、今、退職を申し出ても3か月後でないとやめられない？

そのようなことはありません。正社員であれば、原則として申し出から最短2週間でやめることができます。

なお、有期雇用契約社員（契約により期間を定めて雇用されている者）の場合は異なるので、注意が必要です。

◆法律に抵触する就業規則は無効

就業規則に「3か月前」と書かれているにもかかわらず、どうして最短2週間でやめることができるのでしょうか。

それは、「3か月前」とする就業規則が、法律に抵触するものとして原則無効と考えられているからです。**就業規則よりも法律の方が優先されるため、法律に定められていることよりも従業員に厳しい就業規則の定めは効力を有しない**のです。

それでは、法律で決められたルールを見ていきましょう。

◆雇用期間を定められていない場合のルール

雇用期間が定められていない場合には、「2週間以上の予告期間を置くことでいつでも退職することができる」とされています。つまり、2週間以上先の日を退職日に指定して退職の意思を伝えれば、その退職日をもって雇用契約は終了します。

また、「いつやめる」と明示しなかったとしても、退職の意思を伝えた日の翌日から数えて2週間を経過すれば雇用契約は終了となります。

◆有期雇用の場合のルール

これに対して、有期雇用（契約社員など）の場合には、正社員と異なったルールが定められており、「雇用期間が1年を超えるか否か」「雇用期間の自動更新があったか否か」によって適用されるルールが変わってきます。

有期雇用の場合についてはQ8（56ページ）で詳しく解説します。

◆自分に適用される法律のルールを確認しよう

以上のように、従業員は、就業規則に優先する法律上のルールによって退職することができます。**正社員の場合は、就業規則の定めにかかわらず、2週間前までに退職の申し出**

をすれば退職が可能です。

もっとも、正社員の場合でも例外規定が適用されるケースがありますし、有期雇用の場合には異なる規定が置かれています。

したがって、**退職を考える際には、就業規則の確認とあわせて、ご自身の雇用形態・雇用条件を再確認することが重要です。**入社の際にもらった雇用条件通知書や労働契約書を確認してみてください。

Q 7

明日から出社したくない。即日やめることはできるのか？

会社が同意してくれれば、即日やめることができます。会社が認めてくれなければできません。正社員の場合は、退職を申し出てから2週間後になります。

会社が認めてくれないけれど、それでも翌日から出社したくない場合は、退職日を迎えるまでの2週間、有給休暇を取れないか検討してみましょう。（ただし、突然出社しなくなった場合、引き継ぎ等の問題が生じて、会社から損害賠償請求される可能性もありますから、ご注意ください。）

昨今、人手不足等により、退職したいのに退職できないという方のために、「退職代行」というサービスが話題になっています。

弁護士として退職についてのご相談を受ける中で、「即日退職できると思って、弁護士でない業者に退職代行を頼んだのに、即日退職できなかった！」というご相談を受けることがあります。

調べてみると、非弁業者の中には、「即日退職可能」などと、大々的に宣伝しているところもあるようです。

しかし、「即日退職」はできない場合もあります。

「即日退職」できる場合と、できない場合について、説明しましょう。

◆雇用契約の終了パターンは大きく3つ

会社と従業員の間の雇用契約を終了させるには、大きく分けて、①解雇、②辞職、③合意退職の３つのパターンがあります。
ポイントとなるのは、②辞職と③合意退職の違いです。

◆「即日退職」＝「退職を申し出た当日に雇用契約を終了させる」？

「即日退職」という言葉を文字通り解釈すれば、

「即日で退職する」＝「退職を申し出た当日に労働契約を終了させる」ということになりそうです。

では、従業員が「退職を申し出た当日に雇用契約を終了させる」ことができるのは、どのような場合でしょうか。

◆「即日退職」できるのは、会社の同意がある場合だけ！

「即日退職」＝「退職を申し出た当日に雇用契約を終了させる」ことができるのは、原則として、③合意退職、つまり、会社が即日退職に合意した場合のみです。

逆に、会社が「即日退職など認めない」として、即日退職に合意してくれなければ、即日退職はできないのです。

もちろん、退職代行のご依頼者様が即日退職をご希望の場合、私は、会社に対し、即日退職に合意してくれないか、交渉します。

ところが、弁護士ではない業者の中には、即日退職の「交渉」を行わず、放置してしまうところもあるようです。

◆「即日退職」できると勘違いし、困ってしまったケース

「即日退職」＝退職を申し出たその日にやめられると勘違いし、窮地に立たされてしまったケースをご紹介いたします。

吉田さん（仮名）は、上司のパワハラにより精神を病み、退職・転職を検討していたと

ころ、退職代行A社のホームページが目にとまりました。

そこには「即日退職OK」「全額返金保証」「万が一、退職できなければ返金保証付きで安心」との記載がありました。

吉田さんは、これを信じ、A社に即日退職の申し込みをし、料金3万円を支払いました。

そして、即日退職できるものと信じて、転職先の会社で働き始めてしまったのです。

ところが、A社が会社に即日退職の申し入れをして数日たったある日、会社から連絡があり、会社は何と即日退職を拒否したのです。

A社から「即日退職は認められなかった」「2週間後に辞職してくれ」と連絡がきて、吉田さんはびっくり！

A社にクレームを入れましたが、A社は「即日退職は確約していない」と開き直り、料金3万円も返してくれません。

前の会社は退職できていないし、転職先には事情を説明できないし、しかもA社に支払ったお金も返ってこないし、窮地に立たされてしまったのです。

その後、吉田さんから依頼を受けた私（弁護士）が前の会社と交渉の上、即日退職相当日にて合意退職を成立させました。

そして、A社に対し、支払い済み料金の返還を請求し、全額回収しました。

◆会社が即日退職に合意しない場合、会社はやめられないの？

会社が即日退職を認めない場合、従業員は会社をやめること自体できないのでしょうか。

そうではありません。

従業員は、3つのパターンのうち、②辞職、すなわち一方的に雇用契約を終了させるよう申し出ることができます。

ただし、②辞職の場合は、即日＝退職を申し出たその日にやめることはできません。

正社員の場合、原則として、退職を申し出てから「2週間」経過しなければ、労働契約は終了しないのです。

「即日」で辞職することはできません。

◆会社から籍が抜けるのは2週間後でもいいけれど、明日から出社したくない

前記のとおり、「即日退職」＝「退職を申し出た当日に雇用契約を終了させる」のは、会社の同意が得られない限り、できません。

それでは、「(会社から籍が抜けるのは2週間後でもいいけれど)明日から出社しない」ということは可能でしょうか。

それは可能です。

例えば、その2週間について**有給休暇を取ることで、退職を申し出た翌日から出社しないようにすることができます。**

ただし、突然出社しなくなった場合、引き継ぎ等の問題が生じ、会社から損害賠償請求される可能性もありますので、注意が必要です。

Q 8

年俸制の社員や契約社員でも退職の申し出から2週間でやめられる？

期間の定めがない雇用の場合、原則として2週間前の予告により退職をすることができます（Q6　45ページ参照）。

年俸制や完全月給制など期間によって報酬が定められているときであっても、2020年4月以降は原則どおり申し出から2週間でやめることができるようになりました。

これに対して、契約社員などの有期雇用の場合には、異なるルールが適用されます。

◆年俸制の場合のルール（改正前）

年俸制とは、賃金を年単位で設定する制度であり、1年間にわたる仕事の成果によって翌年度の賃金を設定するものです。

年単位で賃金が定められるため、改正前の法律では、期間によって報酬を定めた場合の中でも特に「6か月以上の期間によって報酬を定めた場合」として、3か月前までに退職の申し出が必要であるとされていました。

◆完全月給制の場合のルール（改正前）

出勤日数に関係なく毎月1回賃金が支払われる制度を純然たる月給制（完全月給制）といいます。

2020年3月31日まで適用される改正前の法律では、完全月給制の場合の退職の申し出は、次期以後に対してのみすることができ、しかも、当期の前半にしなければならないとされていました。つまり、月末締めの場合、3月末に退職したければ、3月の前半までに退職の申し出をする必要がありました。３月の後半になって退職を申し出ても、４月末以降の退職しか認められなかったのです。

◆2020年4月1日以降のルール（改正後）

２０２０年４月１日に施行される改正民法では、この２つのルールが変更され、従業員が退職する場合には適用されないことになりました。

すなわち、**２０２０年４月からは、年俸制や完全月給制でも2週間前の申し出により退職することができるようになりました。**

◆有期雇用の場合のルール

雇用期間が定められている場合は、その長短によってルールが異なります。

まず、**1年を超える期間を雇用期間としているとき**（一定の事業の完了に必要な期間を定めるものを除きます）には、**働き始めて1年を経過した後は、いつでも退職できる**とされています（労働基準法１３７条）。

また、**雇用期間が1年以内で定められていても、雇用期間が自動更新された場合は、いつでも退職できる**とされています（民法６２９条）。

1年以下の期間を雇用期間とし、かつ、自動更新もされていない場合は、「やむを得ない事由」があるときに限り、直ちに退職できるとされています（民法６２８条）。

「やむを得ない事由」には、病気・ケガ、妊娠・出産、育児、介護などによって長期間働くことができない場合や、賃金の未払いや会社の労働基準法違反などによって働くことが困難な場合が含まれると考えられます。

Q 9

「退職は認めない」と言われてしまったらどうすればいい？

退職願を出して「認めない」と言われたら、退職を認めてもらえるまで会社と交渉を継続するか、合意退職を諦めて辞職の方法をとるしかありません。

退職届を出して「認めない」と言われたとしても、予告期間（正社員の場合は原則2週間）の経過により、雇用契約は終了となります。

・仕事の内容が自分に合わないと感じ、上司に退職の相談をしたら、「他の人は頑張っているのに自分だけ逃げるのか。絶対にやめさせない」とだけ言われてまともに取り合ってもらえなかった。

・病気で働くことができず、出勤することもままならないので退職願を会社に郵送したが、社長から電話がかかってきて「代わりが見つかるまで退職などさせない。早く出勤しろ」と脅された。

・転職先が決まったので会社に退職届を提出したが、複数の上司から長時間にわたる面談を何度も求められ、その度に「退職を認めるわけにはいかない」と恫喝《どうかつ》された。

このような「退職を認めない」という強要を受けたことで私たち弁護士のところに相談に来られるケースはよくあります。

しかし、従業員には退職の自由がありますので、そもそも会社が在職を強要することはできません。「退職は認めない」と言われても、一方的な意思表示で退職することができるのです。

◆「退職願」に対して「認めない」と言われた場合

退職願と退職届の違いはQ3（32ページ）で触れたとおりです。簡単に言えば、退職願は合意退職のおうかがい、退職届は辞職（一方的な解約）の通知です。

すなわち、**退職願は、あくまで会社との合意によって契約関係を終了させようとするものですので、会社が承諾しなければ合意は成立せず、雇用契約も終了しません。**

会社が合意するか否かは会社の判断であるため、退職願に対して、「認めない」（＝承諾しない）という態度をとることは不合理なものとはいえません。従業員側から見れば、会社に「退職を認めてほしい」（＝承諾してほしい）とお願いをすることはできても、それを強制することはできないのです。

したがって、**会社が退職を認めてくれないときには、退職を認めてもらえるまで会社と交渉を継続するか、合意退職を諦めて辞職の方法をとるしかありません。**

◆「退職届」に対して「認めない」と言われた場合

前述したように、退職届は辞職の通知です。

辞職は従業員の一方的な意思表示のみで雇用関係の終了という効果が発生しますので、会社の承諾という概念が入る余地はありません。つまり、会社が退職を「認める」「認めない」というステップがそもそも存在しないのです。

そのため、**退職届に対して「退職を認めない」と言われたとしても、法的には何の意味もありません。**

退職届を提出すれば、会社が何と言おうとも、予告期間（正社員の場合は原則2週間。Q6　45ページ参照）**の経過により雇用契約は終了となります。**

なお、退職届を提出しようとしたのに会社が受け取ってくれないこともあります。その場合の対処法については、次のQ10（65ページ）をご覧ください。

◆就業規則に「退職するには会社の許可が必要」との定めがある場合

会社によっては就業規則に、会社の許可や承認がない限り退職できないと定められていることがあります。

しかし、この規定が有効だとすれば、従業員の退職の自由を制約する結果となることが明らかです。したがって、このような規定は、民法に違反するものとして無効と考えられています。

そのため、たとえ「退職には許可が必要」との規定があったとしても、退職届の提出により退職できるという結論は変わりません。

Q 10

退職届を出したら上司に突き返された。どうすればいい？

法律上、会社は、従業員からの退職の意思表示を拒否することはできません。そのため、会社がどのような理由をつけようと、あなたから提出された退職届の受取を拒否することはできません。

ただし、会社が、退職届の受取を事実上拒否し続けるような場合には、内容証明郵便等の方法により、証拠が残る形で、退職の意思表示を明確にしておくことをお勧めします。

◆会社は従業員からの退職届の受取を拒否することはできない。

会社を退職しようとする際には、退職届を上司に提出するのが通常ですが、このようなとき、会社が、人手不足や優秀な人材の流出を避けるために、退職届の受取を拒否し、退職を妨害してくることがあります。

しかし、**会社は、従業員から提出された退職届の受取を拒否することはできません。**裏を返せば、会社は、従業員に対し、雇用契約の継続を強制することはできないということです。

法律上、会社は、従業員からの退職の意思表示を拒否することはできず、**「退職する」との意思表示が会社に到達すれば、その時点で退職の意思表示がなされたことになります。**

このとき、その**意思表示は、会社に到達さえしていればよく、会社の承認は必要ありません。**よく、会社の承認が必要であると勘違いされている方がいるので、ご注意ください。

◆会社が、退職届の受取を事実上拒否する場合

会社によっては、退職届の受取を事実上拒否し続け、退職を妨害するケースも見受けられます。そういった場合には、どのように対処するのがいいのでしょうか。

そのような場合には、内容証明郵便等の方法により、証拠が残る形で、退職の意思表示を明確にしておくことをお勧めします。

「口頭で上司に伝えた」「退職届を上司に手渡した」というだけでは、後に会社から「そんなこと言われていない」「退職届なんて受け取っていない」と反論された場合に証拠がなく、証明できないということになりかねません。そのため、口頭や手渡しではなく、**客観的な証拠が残る方法により退職の意思表示を明確にしておく**のがよいのです。

その方法として、最も確実なのは、**内容証明郵便**です。

しかし、内容証明郵便を送るのにはちょっと気が引けるということであれば、**メールや**

ファックスなどの方法も考えられるかもしれません。

なお、内容証明郵便で退職届を送付する際は、1枚に書ける字数・行数の決まりを確認してから作成するようにしましょう。

Q11

「引き継ぎが終わっていないから」「後任が決まるまで」などと退職日を引き延ばされた。

法律上、従業員には、退職の自由があります。そのため、会社は、引き継ぎが終わっていないことや、後任が決まっていないことを理由として、従業員の退職を拒むことはできません。

もっとも、後に会社と余計なトラブルになることを避けるためには、最低限の引き継ぎは行っておくことをお勧めします。

◆会社は従業員の退職を拒むことはできない。

会社を退職する際には、自分の仕事を後任に引き継ぐのが一般的ですが、それを逆手にとって、引き継ぎが完了していないことや後任が決まっていないことを理由として、退職を認めないと主張する会社もあるようです。特に、近年はどこの業界でも人手不足が深刻化しており、本当に後任が採用できない場合もあります。

このような場合、「上司や同僚に迷惑がかかってしまうのでは？」「退職後に会社から何か言われないだろうか？」といったことを心配して、退職をためらってしまうことも多いかと思います。

しかし、法律上、従業員には退職の自由があり、会社は従業員からの退職を拒むことはできません。これは、引き継ぎが完了していない場合や後任が決まっていない場合でも同様です。そもそも、引き継ぎする後任がいないということはあなたのせいではなく、会社が人事異動なり新たに人材を採用するなりして後任を置かなければなりません。

◆そうはいっても、引き継ぎ義務はある

引き継ぎが完了していなくても退職はできると書きましたが、だからといって、全く引き継ぎをしなくてもよいかというとそういうわけではありません。

一般的には、従業員には、退職するにあたって、引き継ぎを行う信義則上の義務があるとされています。

また、多くの会社では、就業規則において退職時の引き継ぎに関する規定が設けられています。そのため、**全く引き継ぎを行わずに退職すると、引き継ぎ義務違反を理由として、後に会社とトラブルになる可能性があります。**

そうはいっても、引き継ぎが終わっていないことや後任が決まっていないことを理由として会社が退職を拒んでいる場合には、通常どおりのやり方で引き継ぎを行うことは難しいと思います。また、退職届を提出したら退職日まで有給休暇を取得して、そもそも出社するつもりがないということもあるかと思います。

そのような場合には、最低限、**引き継ぎメモを作成し、退職届と一緒に提出する**ことをお勧めいたします。

◆引き継ぎメモに記載すべき事項

引き継ぎメモに記載すべき事項としては、次のようなものが考えられます。

①担当している案件に関する、先方とのやりとりの状況等
②担当している案件に関する、資料・データの所在
③会社からの貸与品があれば、その所在
④会社に残してきた私物があれば、その取り扱い（所有権を放棄する等）
⑤その他、自分にしかわからない事項や会社に伝えておくべき事項

Q12

退職の意思を伝えたら、逆に「クビにする」と言われた。本当にクビになるのか？

退職の意思表示をしたことを理由として解雇することはできません。

会社による解雇が認められるためには、合理的理由および社会的相当性があることが必要となりますが、退職の意思表示をしたこと自体は、解雇の合理的理由とは認められません。

ただし、他の解雇事由が存在する場合には、それを理由として解雇が認められる可能性もありますので、注意が必要です。

◆退職の意思表示をしたことを理由とする解雇は無効

上司に退職の意思を伝えたところ、逆に、「クビにする」、つまり「解雇する」と言われるケースも少なくはないようです。中には、「本当に解雇されてしまうのでは？」とおそれ、退職の意思表示を撤回してしまったという方もいらっしゃるのではないでしょうか？

結論からお伝えしますと、**退職の意思表示をしたことを理由として会社があなたを解雇することはできません。**

会社による解雇が認められるためには、法律上、合理的理由および社会的相当性があることが必要とされています。このうち、合理的理由が認められるためには、就業規則に規定する解雇事由に該当することが必要となります。

しかし、就業規則において、「退職の意思表示をしたこと」を解雇事由として記載している会社など、まず間違いなく存在しないかと思います。また、もし万が一そのような解雇事由が記載されていたとしても、従業員の退職の自由は法律によって保障されていますので、そのような就業規則は公序良俗に反するとして無効であるといえます。

そのため、退職の意思表示をしたことを理由とする解雇は、就業規則に規定がない（または無効である）解雇事由に基づく解雇であるため、合理的理由が認められず、無効となります。

◆他の解雇事由が存在する場合

もっとも、他の解雇事由が存在する場合には、当該解雇事由を理由として解雇が認められる可能性がありますので注意が必要です。すなわち、退職の意思表示をしたこととは別の事実で、就業規則において定める解雇事由に該当する事実がある場合には、当該事実が解雇事由に該当することを理由として解雇がなされる可能性があります。

ただし、その場合においても、必ず解雇が認められるというものではなく、社会的相当性が認められなければ、有効な解雇とは認められません。

社会的相当性は、仮に解雇事由が存在するとしても、当該解雇事由に対して解雇をもって臨むことが社会的に相当か、という観点から判断されることになります。そして、解雇より程度が低い減給や降格が相当である場合には、社会的相当性が認められず、解雇は無効とされます。

例えば、裁判例では、ラジオニュースの担当アナウンサーが、2週間のうちに2度、寝過ごして放送事故を起こし、かつ、事実と異なる報告書を提出したことを理由としてなされたという事例においてなされた解雇について、社会的相当性が認められないとして解雇を無効としたものがあります。

Q13

雇われていると思っていたら業務委託だそう。業務委託は2週間で退職できないの？

業務委託とは、「フリーランス」「個人事業主」といった立場で、業務単位で仕事を受ける場合がこれにあたります。

業務委託の場合は、基本的には労働法制度による保護が適用されません。

会社と交わしたのが業務委託契約であったとしても、実情は、雇われているのと同じように会社の指揮命令を受けている場合があります。そのような場合には、契約の名称にかかわらず、自分は雇用されているのだとして、2週間での退職を主張することができます。

「法律上は2週間でやめられる、と言いますが、自分の場合は雇用契約ではなくて業務委託契約だから、当てはまらないのではないか」とご懸念の方もおられるかもしれません。

ここでは、雇用と業務委託の違いについて、確認しておきましょう。

◆雇用とは

「会社で働く」とひと言で言っても、色々な契約形態があります。

最も一般的と思われる雇用というのは、**会社から報酬（賃金）を受けて、会社の指揮命令に服して労働を提供すること**です。

と説明しても、これだけでは、何のことだかわかりにくいですね。

「指揮命令」というときに最もわかりやすいのは、時間と場所です。

① **決まった時間に出社して、決まった時間（定時）がある**

② **就業場所が決まっている**

という場合には、雇用である可能性が高いです。

雇用においては、会社の決めた時間と場所に従業員を拘束して働かせるということ、それ自体に対して報酬が支払われます。

◆業務委託とは

これに対して、**業務委託の場合は、働く時間や場所は必ずしも決まっていません。**その代わり、会社との間で合意した、「業務を遂行する」ことに対して報酬が支払われます。

いわゆる「フリーランス」「個人事業主」といった立場で、**業務単位で仕事を受ける場合がこれにあたります。**

◆なぜ、雇用だと2週間で退職できて、業務委託だとできないの？

日本の労働法制度は世界的に見ても手厚く、日本の労働者、すなわち「雇用」されている人たちは、法律でかなり守られています。

例えば、「解雇」という労働者を一方的にやめさせることは、よほどの事情がないとできないことになっています。

退職は、解雇とは真逆ですが、働く時間と場所を使用者である会社に握られている労働者が、不当に拘束され続けることのないように、労働者にはやめる自由が法律上認められています。

それが、2週間の事前告知で退職できるということなのです。

その点、業務委託というのは、働く時間と場所を含め、働き方についてある程度の裁量がある点で、雇用とは違います。

そのため、**業務委託の場合は、基本的には労働法制度による保護が適用されません。**

◆「業務委託」の建前でも、実は「雇用」と同様の場合がある

「でも、業務委託と言われたけど、自分も毎朝会社に来て働いているんだけど、これでも、業務委託なの？」と思う方もいるかもしれません。

働く際に会社と交わす契約の内容は、「業務委託契約」であったとしても、実情は、「雇用」されているのと同じように会社の指揮命令を受けている場合があります。

そのような場合には、契約の名称にかかわらず、自分は「雇用」されているのだとして、2週間での退職を主張することができます。

例えば、出退勤時間が決まっている、就業場所が決まっている、遅刻や早退した場合に給与（報酬）が減額される、服務に関するルールがある（服装、休憩等）、給与（報酬）に影響する査定がある……といった事情がある場合、業務委託契約という名称にかかわらず、実態は「雇用」であると認められる可能性が高いです。

雇用と業務委託の区別が問題になるケースは多々あり、使用者側の都合により、実態は雇用であるのに業務委託とすることで、手厚い保護を回避していることも多いです。迷ったら、一度弁護士に相談されることをお勧めします。

Q 14

退職代行サービスを利用してやめるのはアリなのか？

自分で退職の意思を伝え、会社と交渉することができない、やむを得ない事情がある人もいるでしょう。否定的な見方をされることはある程度割り切った上で、退職代行サービスを利用して退職をしてもよいのではないでしょうか。

退職代行サービスの利用を検討される場合は、弁護士に相談されることを強くお勧めいたします。

◆退職代行サービスの利用には賛否両論ありますが…

私は、弁護士として「退職代行サービス」を提供しているものです。

「退職代行サービス」とは、深刻な労働力不足を背景とした長時間労働や、パワハラ、その他様々な事情により、「退職したいのに退職できない」という方のために、退職に関する様々な交渉を行うというサービスのことをいいます。

「退職代行サービスを利用して会社をやめる」ことに対しては、賛否両論あるのが現状です。否定的な意見について主な理由別に考えてみましょう。

①会社をやめることで、同僚等周囲の従業員へ迷惑をかけることへの非難

Q5（41ページ）でご説明したとおり、退職という行動自体が、会社に迷惑をかけることだと割り切り、きちんとできる範囲でできることさえ行えば十分であるという気持ちの持ち様が重要です。

②「やめる」こと自体への非難

「石の上にも三年」ということわざもあるように、日本人には、我慢強く辛抱することを美徳とする傾向があります。このような考え方からか、一つの会社に長く勤め続けることを是とし、退職すること自体を否定的に捉える方もいるようです。

確かに、ある仕事についてひと通りの経験を積むには、ある程度の期間が必要な場合もあるでしょう。

しかしながら、例えばもしあなたがセクハラやパワハラを受けているのであれば、または、長時間残業を強いられて苦しんでいるのであれば、そのような環境を耐え忍ぶ必要はありませんし、耐えたところで得るものはあまりないのではないでしょうか。

むしろ、ハラスメントや長時間残業により、心身の健康を害しかけているのだとすると、早く会社をやめて休息をとった方がよいでしょう。心身の健康は、一度失われると、回復するのに時間がかかります。自分の生命・健康よりも大事な仕事はそうそうないのではないでしょうか。

また、特にハラスメントを受けているわけでもなく、長時間残業を強いられる等の事情がないのだとしても、今の仕事がどうしても自分に合わないと感じているのであれば、仕事をやめて転職することも一つの選択肢でしょう。

人間ですから、仕事内容、職場のカルチャー、同僚や上司について、合う合わないはあります。

合わない職場環境で、毎日「ああ仕事やめたいなあ」と我慢しながら働き続けても、自分の才能は活かせないし、成果も出せません。さらに、合わない職場環境を、あなた1人の力で変えることは容易ではありません。

何より人生は短く、明日何が起きるかもわからないのですから、「石の上にも三年」と我慢し続けることこそ美徳という考えはやめて、自分の信じたやりたいことに思い切りトライしてみる方がよいのではないかと思います。

③他人に代わりに退職の意思を伝えてもらうことへの非難

弁護士として退職代行サービスを実施していると、会社の方から、「お世話になった会社に対して、自分の口で退職の申し出をしないなんて、社会人として失格だ」「けじめがない」などと非難されることがあります。

しかしながら、退職代行サービスの依頼者の中には、自分から直属の上司に退職を申し出たのだけれども、直属の上司が全く取り合ってくれなかったために、やむを得ず弁護士に依頼したという方も多くいらっしゃいます。そのような方には、前記のような批判はあてはまりませんね。

他方、自らは一度も退職の申し出をしないまま、弁護士に退職代行を依頼する方もいらっしゃいます。そのような方々も、例えば、パワハラ上司が恐ろしくて自分では退職を申し出ることができないとか、メンタル不全に陥っており自分で交渉できる精神状態にない等の、やむを得ない理由を抱えている場合が多いです。

何らかの事情を抱えていたのだとしても、周りの人々に理解されないまま、「退職代行を使ってやめるなんて……」と否定的な見方をされることは、現実問題としてあるでしょう。けれども、「人の噂も七十五日」というように、否定的な意見はいつまでも続きません。

良くも悪くも、あなたが出社しなくなっても会社は回り続け、そのうちにあなたが退職代行サービスを使って退職したことは話題に上らなくなります。さらにいえば、話題に上ったところで、あなたの人生に対する影響は限定的なのではないでしょうか。

ですから、どうしても自分で退職を申し出ることができない事情があるのであれば、否定的な見方をされることはある程度割り切った上で、退職代行サービスを利用して退職をしてもよいのではないかと考えます。

なお、特別の事情はないけれども、退職に伴う気まずさや後ろめたさを軽減したいがために、自ら退職の申し出をしないまま、退職代行サービスを利用する方ももちろんいらっしゃいます。

そういった方については、「お世話になった会社に対して、自分の口で退職の申し出をしないなんて、社会人として失格だ」「けじめがない」などの批判があたるのかもしれません。

ただ、退職者が自ら「けじめ」をつけなかったのは、会社側と従業員の間に信頼関係が成立していなかったことの証左でもあります。「社会人失格だ」「けじめのないやつだ」と従業員のせいばかりにするのでは、本質的な問題解決にはならないでしょう。

◆退職代行サービスを検討するなら、弁護士にご相談を！

最後に念のための注意ですが、弁護士ではない業者による「退職代行サービス」は、弁護士法違反のおそれがあるものも多いので、退職代行サービスを検討中の方は、弁護士にご相談されることを強くお勧めいたします。

第2章

退職とお金の問題
――お金をめぐるトラブルと法律の決まり

Q 15

退職が決まり、有給休暇を取得中。ボーナスはもらえるか？

ボーナス（賞与）をもらえるかどうかは、会社の規定によります。退職が決まって、退職日まで有給休暇を取得していても、もらえる可能性はあります。

どのような場合にもらえるか（もらえないか）は、会社の規則や規程を確認しなければわかりません。会社に賞与規程が設けられていればそれを、設けられていない場合には給与規程（賃金規程）、就業規則などに賞与に関する規定がないか、確認してみましょう。

◆ボーナス＝賞与の取り扱いや支給基準は会社によって違う

ボーナスがもらえるか、いくらもらえるかを楽しみにされている方も多いと思います。
それでは、退職することを決めた場合でも、ボーナスはもらえるのでしょうか。

実は、**ボーナスについての取り扱いは、会社によって異なります。**

会社に「賞与規程」や「給与規程」があるなら、まずはそれを確認しましょう。

「賞与規程」が設けられている場合には、就業規則同様、従業員が簡単に手に取れる場所（休憩所、食堂等）に備え付けられているはずです。就業規則の中に賞与に関する規定が盛り込まれている場合もあります。

賞与について定めた規則や規定が見当たらなければ、会社に確認しましょう。会社にはこれを見せる義務があり、見せなければ違法になりますので、そのようなときは録音や写真等、証拠をとっておくとよいと思います。

賞与に関する規定を確認すれば、どのような基準で賞与、すなわちボーナスが支払われるかが記載されているはずです。

例えば、賞与の支給基準として、「支給時点で在籍していること」と掲げているケースはよくあります。

そうすると、支給日において退職してしまっていると、ボーナスが受け取れないということになってしまいます。

逆に、有給休暇の取得中であっても、他のボーナス支給要件を満たしていて、支給時点で在籍していれば、ボーナスを受け取ることができます！

退職日を決める際には、いつボーナスが支払われるかを考慮した上で、決めるとよいでしょう。

◆賞与に関する規定が全くなかったら

それでは、賞与に関する規定が全くない場合はどうなるのでしょうか。
この場合は、会社の裁量で、賞与が支払われるかが決められることになります。
やめる従業員には、賞与が支払われないということも残念ながらあり得ます。

ボーナスは、賃金と異なり、法律上の根拠があるものではないため、就業規則や賞与規程、給与規程といった会社の規則・規程が拠り所になります。

今退職することを考えてもいなくても、賞与に関する規定は一度確認してみるとよいかもしれません。

Q 16

長年勤めたのに「退職金がない」と言われたが納得できない！

退職金は通常の給料と異なり、働いていたことによって当然にもらえるものではありません。長年勤めた会社を退職しても、当然に退職金をもらえるわけではありません。

退職金については、会社が支払う義務があるケースと、そうではないケースがあります。

退職金というものの性質について、正しく理解しておく必要があります。

働いているうちから、早めに退職金のルールを確認しておくとよいでしょう。

◆退職金は大きく2つに分類される

退職金には、大きく分けて以下の2つのパターンがあります。

㋐給料の後払いとしての性質があり、会社が支払う義務のあるもの
㋑会社が支払う義務はなく、あくまで会社が任意で支払うもの

もしも、自分の勤めている会社で、過去に退職金が支払われた実績があったとしても、㋑のパターンにあてはまる場合には、会社に対して、従業員の方から、「退職金を支払ってください」と求める権利はありません。

そのため、どのような場合であれば㋐にあてはまると言えるのか、が重要です。

◆会社が支払う義務のある退職金とは

会社が退職金を支払う義務があるのは、次の場合です。

①社内に退職金についての明確なルールがある場合

例えば、最もわかりやすい例として、**会社に「退職金規程」がある場合**が挙げられます。

また、「就業規則」の中の「退職金」という章の中にルールが書いてある場合もあります。

もちろん、会社との間で交わした「雇用契約書」「労働契約書」や、会社からもらった「労働条件通知書」といったもので、退職金の金額の計算方法などが具体的に書いてあれば、これもルールと言えます。

②社内に①のような明確なルールはないけれども、会社と従業員の間の長年の習わし（労使慣行）として、退職金を支払うルールがある場合

仮に、**社内に文章で書かれたルールがないとしても、一定の基準で退職金が支払われてきたということが会社にも従業員にも意識されており、その基準によって具体的なケースの退職金の金額を算出できるという場合には、従業員は、会社に対して退職金の支払いを求める権利があります。**反対に、過去に多数の従業員に退職金が支払われた実績があったとしても、その金額に規則性が見出せず、会社の裁量で個々の従業員ごとに金額を決めて

いたという場合には、会社に対して退職金の支払いを求める権利はありません。

◆会社が退職金についてのルールを作る義務はない

このように、退職金には、会社が支払う義務のあるものと、そうでないものがあります。このような話をすると、「そもそも、長年勤めた従業員に、きちんと退職金を支払えるよう、社内でルールを作ること自体、会社の義務ではないのか?」と疑問に思われる方もいるかもしれません。しかし、答えは「いいえ」です。会社が、退職金を支払う余力がないため、あえて退職金に関するルールを作らずに、退職金を一切支払わないとしても、それだけでは必ずしも違法なことではありません。

◆退職金のルールは、早めの確認がお勧め

以上のように、退職金は、会社に長年勤めたからといって、従業員が必ずもらえるものではありません。なので、まずは、**自分が退職金をもらえる立場なのかどうか、社内の規程**

集などを見て確認しておくことが望ましいです。退職金は、長い老後を支える大事な資金になりますし、これからは人生百年時代ですので、ライフプランを設計する上でも、重要な要素となります。

なお、中小企業では、「中小企業退職金共済」という、社外積立型の退職金制度を利用することも多く見られ、これは「中退共《ちゅうたいきょう》」と呼ばれることが多いです。原則として月額５０００円から3万円までの掛金を設定でき、この掛金は非課税ですので、会社にとっては節税対策ともなります。会社にとっても従業員にとっても、知っておいて損のない制度です。

Q17

退職の申し出をしたら、給与や退職金を減らすと言われた。本当に減らされるのか？

給与については、退職することだけを理由に、懲戒として減額することは、基本的にはできません。

退職金については、自己都合退職の場合には金額が低くなるなど、就業規則に別段の定めがある可能性があります。そのような場合には規則に則った割合や金額を減らされる可能性はあります。ご自身の会社の退職金規程を確認しましょう。

◆退職を申し出ると、給与が減る!?

退職を申し出てから、すぐに退職するわけではない場合、退職日まで勤務するのであれば、当然その間の給与をもらいたいところです。

しかし、会社としては人手不足なのにもかかわらず、自己都合で退職したいなどと申し出る従業員に対して、「引き止め」のためや、「見せしめ」のために、給与を減らすなどと言ってくる事例があります。

このような場合、本当に給与の減額はなされるのでしょうか。

◆懲戒事由としての給与の減額

給与は、従業員の生活の糧であり、会社が勝手にこれを減額してしまうと、従業員の生活に直ちに差し障りが出ることになります。それを防止するために、懲戒としての給与の減額ができる場合は、厳しく制限されています。

まず、「給与の減額」という懲戒を与えるためには、就業規則上に規定がある必要があります。

しかしながら、「従業員が退職を申し出た場合には、給与を減額する」といった就業規則の定めが、あるはずがありません。従業員には退職の自由があり、これを不当に制限する就業規則の定めは公序良俗に反して無効であるからです。

したがって、退職を申し出たことのみを理由として、少なくとも懲戒としての給与の減額が行われることはまずないと言ってよいと思います。

◆退職に伴って給与が減る場合

懲戒にあたらない給与の減額であれば、一定の条件の下で行われる可能性があります。

例えば、退職日まで有給休暇を取得し、全く出勤しないといった場合に、業務の成果に応じた手当がなくなる、もしくは減額される可能性はあります。しかし、それは手当に対応する成果がない以上は仕方のないところでしょう。

◆退職金は減るの!?

退職金（退職手当）は、各社の退職金規程に基づき支払われるものです。この、退職金規程に、支給要件が定められており、支給要件を満たすのに、従業員のタイミングで退職することのみを理由として、これを支払わないということはできません。

もっとも、退職金規程は、ある程度会社の自由に規定することができるので、例えば、「自己都合退職の場合には、会社都合退職の場合に比べて支給金額を低くする」といった設定を行うことも可能です。

事前に、そのような退職金規程が設けられていた場合には、自己都合退職であることを理由に相対的に退職金の額が減るということもあるでしょう。まずは、ご自身の会社の退職金規程を確認されることをお勧めします。

Q 18

退職した後でも、残業代をもらうことができるのか？

「あまりに仕事がきつくて、会社をなんとかやめたけれども、今思い返してみると、残業代、全然出てなかったよな。これから、もらえるかな？」というようなご相談を受けることがあります。

答えは、「はい」です。会社を退職した後でも、元従業員は、会社に対して、残業代の支払いを求めることができます。ただし、支払いを求められる期間は法律で決まっていますので、注意が必要です。

◆いわゆる「残業代」の支払いを求められるのは、支給日の翌日から2年間

残業代を含め、給料に関しては、就業規則などで決められた支給日の翌日から2年間は、会社に対して支払いを求めることができます。しかし、この2年が経ってしまうと、会社は、「消滅時効」というものを主張して、残業代などが消滅したと言うことができます（なお、退職金に関しては、5年とされています）。

逆に言うと、従業員が会社を退職したからといって、会社に対して残業代の支払いを求められなくなるわけではありません。

そもそも、会社に在職しているうちに、会社に対して未払残業代の支払いを求めるのは、かなり勇気の要ることだと思います。実際、未払残業代の支払いを求める依頼者は、すでに会社を退職した方か、現時点では在職しているものの近いうちに会社を退職する決心を固めている方が、多数派であるように思います。

◆必要となる証拠

残業代の計算のために必要となる証拠は、その会社によって異なりますが、ある程度、決まっています。主に、次の証拠が必要となります。

・就業規則、労働契約書（雇用契約書）、労働条件通知書、求人票など（会社で定めた就業時間がわかるもの）
・給与明細、賃金台帳など（残業代としていくら支払われたかがわかるもの）
・タイムカード、業務日報、パソコンのログイン・ログアウト時刻の記録など（残業した時間がわかるもの）

◆証拠は会社の中にあるから、証拠集めは在職中に

ご覧のとおり、残業代の計算のために必要となる証拠は、会社の中に保管されているものがほとんどで、在職中の方が集めやすいことが多いです。そのため、退職後に残業代の

支払いを会社に対して求めていくとしても、在職中から準備をしておくことが重要になってきます。

なお、退職後に、弁護士に委任して、会社に対して未払残業代についての証拠の開示を求めるよう交渉することもあります。在職中に開示してもらえなかった証拠を開示してもらえるケースもありますので、最初から諦めない方がよいと思います。

◆残業代を求められる期間が2年→当面3年に延長される予定

「民法」という、各種の契約や取引についての基本的なルールが、大きく改正されており、２０２０年４月１日には、改正後の「民法」が実際に使われ始めます。

この「民法」の改正にあたり、消滅時効の期間について再検討されるなか、残業代を含む「賃金請求権」については、当面３年に延長し、将来的には5年まで延長する可能性も含めて検討されております。

「賃金請求権」等の消滅時効は、まだ議論されている途中の段階ではありますが、会社は、未払残業代が発生しないよう、今後ますます高い意識をもって、労働時間の管理を行う姿勢が望まれます。

Q19

会社からお金を借りて給料天引きで返しているけれど、退職後はどうしたらいい？

従業員貸付制度などを利用して会社から借入れをしている方は、給料天引きで返済しているケースがほとんどと思われます。退職すると給料から天引きしてもらって返済することはできなくなります。だからといって、退職が制限されるということはありません。

ほとんどの場合、退職する際に残金の一括返済をすることとされていますが、一括で返済できない場合には、退職金からの返済や分割払い等を会社に交渉してみましょう。

◆会社からお金を借りる（従業員貸付制度）

意外と知られていませんが、結婚・出産・病気・ケガ等でまとまったお金が必要になった場合に、「従業員貸付」として会社からお金を借りられる場合があります。こうした従業員貸付制度は、従業員の金銭面での不安を解消し、安心して働けるようにするために、会社が福利厚生の一環として取り入れています。

従業員貸付制度の具体的な内容は会社ごとに異なりますが、一般的には、正社員のみが利用可能であったり、使途に制限があったり（治療費、教育資金、資格取得など）、在籍年数によって融資額に差があったりします。利率については、ほとんどの場合で、銀行などの金融機関よりも優遇されています。

返済方法については、給料からの天引きで返済をする場合がほとんどでしょう。ただし、給料からの天引きをする場合、会社は、労働組合（労働組合がない場合は、従業員の過半数の代表者）との間で労使協定を結んでいることが必要です。

では、会社からお金を借りている場合、借入金を完済しなければ、会社をやめることはできないのでしょうか

◆お金を借りているけれど、今の会社をやめたい

従業員には退職の自由が認められているので、たとえ会社から借りたお金がまだ完済できていない状態であっても、それによって退職が制限されるということはありません。

仮に、「従業員貸付を全額返済するまで退職してはならない」などといった約定がなされたとしても、退職の自由を不当に制限するものとして、そのような取り決めは無効になると考えられます。

ただし、会社をやめたとしても、借入金の返済義務は当然残ります。そして、注意が必要なのは、**従業員貸付制度はほとんどの場合で、退職する際に残金の一括返済を条件とされている**ことです。従業員貸付は会社の福利厚生の一環としての制度ですので、従業員としての身分を失う以上、このような一括返済を求められることも致し方ないでしょう。

◆借入金の一括返済ができない場合

借入金を一括で返済できる資力が手元にあればよいのですが、そうでない場合、様々な点で問題となります。

借入金を完済しないまま転職・退職をした場合、最悪のケースだと、かつての勤務先から貸金返還請求訴訟を起こされてしまい、転職先の給与が差し押さえられてしまうといった可能性もあります。

また、従業員貸付の際に連帯保証人を付けているような場合や、就職する際に身元保証人等がいたりするような場合、かつての勤務先からそういった保証人や身元保証人に請求が行くことになり、周囲にも迷惑をかけてしまうような場合もあり得ます。

こうしたトラブルを避けるため、①**退職金から返済する、**②**金融機関等から融資を受けて借り換えをする、**③**分割払い等の融通を利かせてくれるよう、会社と交渉**するなどの対応をする必要があります。

退職金と同額の範囲でのみ従業員貸付を認めるといった取り決めをしている会社もあり

ますので、そうした場合、退職金を充当することで、借入金の一括返済をすることが可能となります。

◆従業員貸付の思わぬリスク

従業員貸付は、金利や返済条件等で優遇されているというメリットがある反面、退職・転職の際の一括返済という条件により、退職や転職がしにくくなってしまうという事実上のリスクがあります。

また、従業員貸付制度を利用する場合、人事部や上司等にも相談をする必要がありますので、家庭の事情や経済的に困っているといった情報が会社に知られてしまうことにもなります。従業員貸付を利用していること自体が評価や昇進に直接影響することは少ないと思われますが、万が一遅延や延滞等をしてしまった場合は、評価や昇進にも大きな影響を及ぼしかねないので、従業員貸付の利用は返済の目処等も含めて慎重に検討する必要があるでしょう。

COLUMN

あなたのお金、会社に残っていませんか？

会社をやめる際、お給料以外にも支払ってもらう必要のあるお金が残っている場合が多くあります。

例えば、**立替払いで払った経費（出張費、備品購入費、交際費等）**で、まだ精算の済んでいないものについては、忘れずに経費精算しておくことが必要です。

また、会社の**従業員持株会**に入会していたような場合、退職に伴い、名義変更をしたり、売却をした上での清算をしてもらったりといった手続きを実施する必要があります。

他にも、例えば、社員旅行に向けてお金を積み立てていたような場合、こうした**積立金**についても忘れずに清算しなければなりません。

逆に、あなたが退職日の後も有効期間の残っている**電車等の定期券**を持っているような場合は、これを払い戻して、**残金を会社に返金**しなければなりません（定期券そのものを返却する場合もあります。定期券の取り扱いについては、会社にご確認ください）。

会社との間では、お給料以外にも様々なお金のやりとりが発生しているので、退職を決意した場合、会社に対して残っているお金がないかどうか、よく確認しておくことが重要となるでしょう。

Q20

会社が出した研修費や留学費をやめるときに返さなければいけない？

研修・留学が業務の一環であれば、会社が負担すべきものですから、返す必要のない費用だと言えます。

他方、会社の業務とは関係のない研修や留学の場合には、その費用はもともと従業員が負担すべきところを、会社が貸したり立て替えたりしたと考えることができるので、会社に返還しなければならないこともあります。

◆会社の指示で受けた研修の費用を返せと言われた

従業員の技能習得のために会社が費用を出して研修や留学をさせることがあります。会社としては研修・留学後すぐに退職されては困るので、足止めのために、それらの費用を「従業員に貸した」あるいは「会社が立て替えて払った」という形式をとり、従業員との間で、「従業員は費用を返還しなければならない。ただし、研修・留学後○年間働いたときは返還しなくてよい」といった合意を整えるケースが見られます。

相談の中には、研修・留学の前に内容をよく確認しないまま書類に署名したけれども、退職の申し出をしたらその書類を見せられ、実は費用の返還に関する合意文書だったというものもありました。

では、このような合意がある場合、研修・留学後に早期に退職するときには、やはり合意どおりに費用を返さなければならないのでしょうか。

結論としては、研修・留学が業務の一環であれば、費用を返還する必要はないと考えられます。

◆「賠償予定の禁止」に反する合意は無効

労働基準法では、「賠償予定の禁止」として、労働契約の不履行について違約金を定めたり、損害賠償額をあらかじめ決めておく契約をしたりしてはならないとされています（16条）。**従業員が労働者としての義務を果たさなかった場合に備えて、一定額の支払いを義務付ける規定を置いたり合意をしたりすることはできない**ということです。

例えば、入社時に「3年以内にやめたら300万円の違約金を払う」という合意をした場合、従業員は多額の違約金を免れようと思い、3年以内に会社をやめることをためらうのが通常です。つまり、このような定めを置くことにより、事実上、従業員を3年以上拘束できてしまいます。これは従業員の退職の自由を不当に制約するものにほかなりません。

労働基準法では以上の趣旨から、賠償予定を禁止し、それに違反する合意を無効としています。

また、法律に違反するかどうかは、合意の形式だけでなく、前述した法律の趣旨を踏まえて判断されます。

形式的には、「違約金」「損害賠償金」とされていなくても、実質的に見てそれらに該当すると考えられる場合には、やはり法律違反となります。

そこで、研修・留学費用の返還合意について考えてみると、一定の期間を経過する前に退職したときには、会社に一定額を支払わなければならないという点で違約金と同じような性質だといえます。また、研修・留学費用は数百万円という多額に上ることもあるため、従業員が受ける不利益は相当大きなものとなり得ます。

したがって、「貸した」（あるいは「立て替えた」）という形式ではあるものの、従業員が、その返還を免れるために会社をやめたくてもやめられず、退職の自由を不当に制約するという結果には変わりがありませんので、実質的には損害賠償の予定にあたり違法と考えられます。

◆研修が業務にかかわらない場合は、返還合意が有効とされることも

もっとも、会社が教育訓練や能力開発の一環として業務命令で研修・留学をさせたとはいえない場合（言い換えれば、会社の業務と関係のない自主的なものである場合）には、その費用はもともと従業員が負担すべきものです。

このように、本来は従業員が自分で用意するものだけれども、会社が従業員の便宜を図って一定額を貸したり立て替えたりしてあげたと評価できる場合には、その貸付や立て替えは、労働契約とは別になされたものといえます。

そのため、自主的な研修・留学の場合には、労働契約の不履行についてなされた損害賠償の予定とはいえませんので、労働基準法に違反せず有効であると考えられています。

◆入社時の契約金を返せと言われた場合も同様

入社時に、契約金・入社祝い金・支度金などの名目で一定額の支給を受け、「1年以内に自己都合で退職する場合には全額を返還する」といった約定がなされるケースもありま

す。

このような契約金等の返還を定める約定についても、研修・留学費用の返還合意と同様に、退職の自由を不当に制約するものとして、労働基準法に違反し無効と考えられています。

Q21

やめると言ったら、損害賠償を請求すると言われた。

退職するかどうかは、従業員の自由であり、退職を理由に、会社から従業員に対して損害賠償をすることはまずあり得ません。

動画投稿サイトへの不適切な動画投稿、横領、背任、会社の秘密情報を漏洩したなどの場合には損害賠償を請求されるおそれがありますが、それは挙げたような違法行為が問題となるものであり、退職自体が問題となるわけではありません。

◆やめることで、会社に損害を与える？

退職を迷われている方の中には、自分がやめることで、会社に損害を与えるのではないかと思われる方もいるかもしれません。

確かに、あなたが退職すれば、あなたが担当していた業務に穴をあけてしまうかもしれません。だからといって会社からあなたに対して損害賠償請求ができるのでしょうか？

◆会社から従業員への損害賠償請求は制限されている

例えば、従業員が会社の業務中にミスをして、そのミスにより、会社に損害を与えたとします。

そうした場合でも、ミスが軽微なものである限り、会社は従業員に対して損害賠償請求をするということは容易ではありません。

会社は、従業員を雇って、従業員の業務遂行により利益を上げているのですから、その業務遂行の過程で軽微なミスがあったとしても、利益を上げるのに一定程度はやむを得ないものとして、損害賠償請求をすることが制限されることになっています。

これを、「報償責任の原則」といいます。

◆退職で損害賠償？

では、退職することで業務に穴をあけることは、損害賠償の対象にならないのでしょうか？

まず、前提として、退職するかどうかは、従業員の自由です（Q4　37ページ参照）。労働者は、基本的には2週間前に申し出れば自由に退職をすることができます。したがって、会社の業務遂行において、従業員の退職というのは、初めからある程度予定されているものといえます。

そのように初めから予定されていた、**従業員の退職という会社にとってのリスクは、会社において管理すべきであり、従業員に転嫁すべきではありません。**

すなわち、退職することのみを理由とした損害賠償請求は、報償責任の原則によれば、基本的には認められないことになります。

◆例外的に、損害賠償請求をされる場合もある⁉

とはいえ、例外的に損害賠償請求をされる場合もないとは言えません。

どのような場合かというと、報償責任の原則の枠を超えてしまうような損害が生じた場合、例えば、横領、背任等の犯罪行為が行われた場合や、最近の例では、動画投稿サイトに不適切な動画を投稿する、といった行為が行われた場合が考えられます。

このように、退職に関係した場合というのはまず考えられませんが、あり得るとすれば、会社のライバル会社に転職し、元の会社の秘密情報を漏洩する、といったことが考えられます。もっとも、これは秘密情報の漏洩という違法行為が問題となるものであり、退職自体が問題となっているわけではありません。

◆「やめるなら、損害賠償を請求するぞ」と言われたら

以上のように、従業員に対して損害賠償請求がなされ得るのはごく例外的な場合に限られます。

「損害賠償を請求する」という会社の発言は、退職を引き止めようとして強い言葉を使っているのに過ぎないと思われますので、毅然と対処しましょう。

Q22

パワハラの慰謝料を請求したいが、どうすればいい？

上司・同僚からあなたに向けられた行動や発言を録音したり、動画を残したりしておくことが重要です。指示や叱責が文書等でされた場合には、やりとりがされた文書、メール、ＬＩＮＥ等を確保しておきましょう。

さらに、パワハラにより心身を傷つけられた場合には、すぐに病院へ行き、診断書等を取得しておく必要があります。

◆パワハラ問題の現実と実態

昨今、パワハラを中心とした職場内のいじめや嫌がらせに関する相談は、全国の都道府県労働局に寄せられる相談の中でダントツのトップという状況が続いており、大きな社会問題となっています。

しかし、パワハラで辛い目に遭っていても、加害者である上司・同僚、あるいは会社に対して慰謝料を請求するのは簡単ではないという実態があります。

なぜでしょうか。

加害者の言動を裏付ける証拠がない場合（もしくは後から入手することが困難な場合）が多いからです。詳しく見ていきましょう。

◆証拠に乏しく、協力者も現れない場合が多い

パワハラの多くは、職場や仕事に関連して加害者からの「言葉」や「行動」によってさ

れるものですが、暴力によってケガをさせられた（この場合にはケガの写真を撮り、すぐに病院に行って、診断書を作成してもらいましょう）といったことでもない限りいずれも痕跡を残しにくい性質のものです。

こうした場合、通常は、例えば加害者・被害者以外の第三者の方に協力を求めるなどして、被害の状況を立証していくことになるのですが、ことパワハラのケースでは、頼みの綱である同僚などに協力してもらうのは簡単なことではありません。

同僚は、加害者から報復されるのではないか、あるいは下手な行動に出ると会社から目を付けられて給与や昇進に響くのではないかなどとおそれて協力してくれないことがありますし、そこまでの懸念はなかったとしても、良くも悪くも日々大半の時間を共に過ごしている職場内の狭い人間関係において、何らかの争いごとに巻き込まれること自体をできる限り回避したいと思う人は多いものです。

それでは会社はどうなのかといいますと、法律により、会社はパワハラを防止する義務を負うことにはなっているのですが、被害者からの訴えを受けて会社としてどこまで積極的に調査に乗り出してくれるか、まだまだ期待できない場合も少なくないという現実もあります。

◆証拠の確保が何よりも重要！

したがって、加害者の言動を確実に証拠化するために、被害者において、録音・録画しておくといった、ある意味周到な「証拠作り」が重要になってきます。状況によっては、隠し録音・隠し録画をしておくこともやむを得ないでしょう（なお、社内での録音を禁止している会社もありますので、録音を実際に証拠として利用するかどうかについては、弁護士とよく相談してください）。

パワハラと感じられる言動があったのに、うまく録音・録画ができなかった場合には、記憶が消えないうちに、速やかに、手帳や日記などに、いつ（どれくらいの間）、どこで、だれから、どんな理由で、どういうことをされたのか、詳しく記しておくことが少なくとも必要になってきます。

また、パワハラがメール等を通じて行われた場合も、会社の情報管理システムの制約などから、それらを社外に持ち出すことが容易でない場合が多いため、注意が必要です。

特に、退職後に慰謝料請求を行わざるを得ない場合には（実際問題としてそのような場合が多いと思います）、メール、ＬＩＮＥ等のメッセージアプリを通じて行われたやりとりをプリントアウトしておくなど確実に証拠を確保しておくことが大切です。

その他、パワハラが行われた現場の写真や座席図などを確保しておくことも有益でしょう。

なお、暴力行為によってケガをした場合はもちろんですが、パワハラにより精神を病んでしまった場合にも、できる限り速やかに病院に行き、診断書を取得した上で、受診を続け、いつでもカルテを取得できるようにしておくことも大切です。

◆証拠は豊富に確保し、どのようなパワハラをされてきたのかを記録する

実は、パワハラで慰謝料を請求するのが難しいもう一つの理由として、加害者の行為がパワハラにあたるかどうかの判断が難しいという点があります。会社や上司にとって必要な指導や教育と違法なパワハラとの区別が難しい部分があるためです。

しかし、いくら必要な指導といっても、大したミスを一度しかしていないのにそれを理由に何度もネチネチとそのことを叱ったり、あるいは、あえて皆の前でさらし者にしたりするなど、指導の頻度・態様・時間等が一線を越えた場合には、相当性を欠く行為としてパワハラになることは十分あり得ます。

したがって、証拠とあわせて、「これはパワハラだ！」と感じたときのことを、自分自身で具体的かつ詳細に記録しておくことはやはり必要ですし、証拠の確保という面では、録音などの確かな証拠をできる限り「豊富に」確保しておくことも重要になってきます。

第3章

やめるにあたって、気になることがあります！

Q 23

有給休暇を消化したいのに、「うちの会社にはない」と言われた。

有給休暇は労働基準法上の制度ですから、この制度がないのは違法です。

有給休暇は、6か月間継続勤務し、全労働日の8割以上出勤していれば付与されます。

パートやアルバイトの場合は、所定労働日数に応じた休暇日数が付与されます。

有給休暇の取得申請がしづらい会社もありそうですが、近年の法改正では、会社は従業員に対して積極的に有給休暇を取得させなければならないとされています。

◆有給休暇とは？

有給休暇（労働基準法に定められた「年次有給休暇」のこと。「年休」「有休」などと省略して言われることがあります）とは、従業員の健康で文化的な生活の実現に資するために、従業員に対し、休日の他に毎年一定の休暇を保障することを言います。要は、お給料はもらえるけれど、ゆっくり休めますという休暇のことです。

それでは、どういう場合に有給休暇がもらえるのでしょうか。

有給休暇は、労働基準法39条に定められていますが、次の要件を満たした場合に成立します。

①　6か月間、継続して勤務していること

②　全労働日の8割以上出勤していること

①の6か月継続勤務については、パート、アルバイトにも適用があります。

また、「継続勤務」というのは実質的に考えられています。例えば、定年後引き続き嘱託職員として再雇用される場合、非正規雇用の従業員が正社員に転換した場合、有期労働契約が反復更新されている場合なども「継続勤務」に該当すると考えられています。

また、②の全労働日の８割勤務については、毎年の有給休暇の成立について必要になってきます。例えば、勤続４年６か月の従業員が、その後1年間の間に「全労働日の８割以上」出勤しなかった場合には、その翌年の５年６か月目の年の有給休暇は１日も発生しないということになります。

次に、何日の休暇がもらえるのでしょうか。

正社員の場合ですと、入社後６か月間継続して勤務し、かつ全労働日の８割以上出勤した人には「年間10日」の有給休暇が発生します。

その後1年を経過したとき、つまり入社から1年６か月後にはさらに追加で11日の有給休暇が発生します。

さらにその1年後、つまり入社してから2年６か月後には追加で12日の有給休暇が発生します。

その後は、1年で2日ずつ増え、3年6か月後で14日、4年6か月後で16日、5年6か月後で18日、6年6か月後で20日になります。それ以降は毎年20日間発生します。

なお、パート・アルバイトの場合は、所定労働日数に応じて正社員の場合に休暇日数より少ない日数が付与されることになります。

◆有給休暇がない会社なんてあり得るのか？

有給休暇を取らせてもらえないというだけではなく、制度自体がないなんてことはあり得るのでしょうか。

有給休暇は、労働基準法上の制度であり、そもそも労働基準法は、最低限の労働者の権利、労働条件を確保する法律です。ですから、**有給休暇の制度がないというのは全くの違法だということになります。**完全なブラック企業ですね。

有給休暇を従業員に与えない企業（事業所）は、労働基準法違反の刑罰として6か月以下の懲役または30万円以下の罰金が科される可能性があります（労働基準法１１９条）。

◆有給休暇の取得は義務になったのか？

有給休暇は労働基準法上の制度として位置づけられていますが、現在の日本では、取得の申請がしづらい環境にあり、取得率は世界的に見ても低く、主要国と比べると最下位となっています。

そこで、２０１８年の労働基準法改正により、10日以上の有給休暇が付与される従業員について、事業所から、年5日分について、毎年、時季を指定して与えなければいけないという義務が課されています（労働基準法39条7項）。

このように、有給休暇がない会社というのは全くあり得ない話であり、労働基準法違反の刑罰が科される可能性もあるほどです。むしろ近年の法改正により、会社は積極的に取得をさせなければならない義務が発生するようになっているのです。

Q 24

やめる前に有給休暇を全部使えないなら買い取ってもらえる？

有給休暇の取得（消化）は、労働基準法によって認められている権利なので、退職するときでも、取得を会社は拒否することができません。

また、業務に支障が生じる場合には、会社は時季変更権を行使できますが、すでに退職日が決まっていて、他の時季に有給休暇を与えられないような場合には、会社の時季変更権は行使できません。

◆退職と有給休暇の消化

会社をやめたい、あるいはやめると決まった場合、有給休暇がまだ残っていれば、これを使い切ってからやめたいと考えるものですね。

では、退職するときでも、有給休暇で休むことは可能なのでしょうか。

有給休暇の取得（消化）は、労働基準法によって認められている権利なので、退職するときでも、取得を会社は拒否することができません。

ただし、退職日以後は、会社との労働契約がなくなってしまいますので、有給休暇を取得する権利を行使することはできません。

したがって、有給休暇を全部消化するとしたら、いつが退職日になるのかは、会社に退職の話をする前に確認しておかなければなりません。

また、業務引き継ぎなどが残っていて、すべて有給休暇の消化に充ててしまうことができない場合もあるかもしれません。そのような場合は、会社に退職の話をする際に、退職日をいつにするか、有給休暇の消化日数、業務引き継ぎに必要な日数などを相談するとよいでしょう。

◆退職と有給休暇の時季変更権

有給休暇を消化しようとしたら、会社から、「今は忙しく君に休まれると業務に支障が生じるから、他の日に取ってくれないか」などと言われ、取得する日を変更してくれと求められることがあります。会社には有給休暇の時季変更権があり、それを行使したというケースです。

会社から時季変更権を行使されたら、退職日までに有給休暇を消化できないのでしょうか。

時季変更権は、「他の時季にこれを与える」（労働基準法39条5項但書）可能性がなければならないので、退職日がすでに決まっていて、他の時季に有給休暇を与えられる可能性がない場合には、時季変更権は行使できないと考えられています。

したがって、すでに退職日が決まっていて、有給休暇を消化しようとする場合に、他の時季に有給休暇を与えられないような場合には、会社の時季変更権は行使できません。すなわち、有給休暇を消化して退職することができるということになります。

◆退職日までに有給休暇が消化できないときは、会社に買い取ってもらえるか

本来、有給休暇は従業員がしっかり休んで心身の疲れを回復させ、継続して意欲的に働けるようにするための休暇であり、代わりにお金を払うというのは、そもそもの制度趣旨に反するものです。

したがって、会社が労働基準法上の有給休暇を買い取ることは認められていません。

しかし、退職時に未消化の場合であれば、未消化の有給休暇を会社が買い取ることは認められます。

ただし、この場合の**買い取りについて**、**法律は何も規定していません**ので、会社に対し

て有給休暇の買い取りを強制することはできません。

会社によっては就業規則や雇用契約書に有給休暇の買い取りのルールが規定されていることもあるので、その場合はルールに則って買い取りをしてもらうことになります。

Q25

退職日まで休むことになったが、その期間に転職先で働いたり、研修に出てもいい？

有給休暇取得中に、転職先で働き始めることは、二重就労状態となりますので、現在の会社および転職先の双方が同意しているのでない限り、行わない方がいいでしょう。

また、転職先の事前研修に出席することも、その研修への出席が事実上義務付けられているような場合には、転職先での業務またはそれに準じるものと考えられますので、現在の会社および転職先の双方が同意しているのでない限り、出席しない方がいいでしょう。

◆退職日までは、現在の会社の従業員であることに注意

会社を退職するにあたって、有給休暇が残っている場合、最終出社日から退職日までの間に有給休暇を取得することがよくあります。ではこのとき、有給休暇取得中に転職先において働き始めてもいいのでしょうか。

このようなケースの場合、**最終出社日に会社を退社したと考えがちですが、退職日までは現在の会社の従業員であることに注意が必要です。**そのため、**有給休暇取得中に転職先において働き始めると、二重就労の状態となります。**

近年は、副業・兼業を認める流れになってきてはいますが、それでも多くの会社においては、就業規則において、副業・兼業が禁止されていることが多いかと思います。そのため、**有給休暇取得中に転職先において働き始めたいのであれば、現在の会社および転職先の双方から、副業・兼業についての同意を得ておくべきでしょう。**

もし、双方または一方の同意を得ないで働き始めた場合には、同意を得ていない会社から、就業規則違反を理由に、懲戒処分を受ける可能性もありますので、注意が必要です。そのため、双方または一方の同意を得られないのであれば、退職日を待ってから働き始めることをお勧めします。

◆雇用保険は二重加入できない

現在の会社および転職先の双方から副業・兼業についての同意を得ることができ、有給休暇取得中に転職先において働き始めるのであれば、雇用保険の問題に注意する必要があります。

雇用保険は、二重に加入することができません。そのため、有給休暇取得中に転職先において働き始めるのであれば、現在の会社において雇用保険の資格喪失手続きを行う必要があります。その手続きを踏まえて、転職先において、雇用保険に加入することができるようになります。

現在の会社および転職先ともに、いきなり言われても手続きに対応できませんので、あらかじめ相談しておくことが必要かと思います。

◆事前研修であっても同様に考えるべき場合が多い

では、有給休暇取得中に、転職先において事前研修に出席するのみであれば、問題はないのでしょうか。

この点については、事前研修への出席が事実上義務付けられているような場合には、転職先での業務またはそれに準じるものと考えられます。つまり、転職先において働いているのと同じ状態となります。

そうすると、先ほどと同様に、二重就労の問題となりますので、現在の会社および転職先の双方が同意しているのでない限り、出席しない方がいいでしょう。

Q 26

健康保険証、入館証、会社から借りていた物などの返却はどうすればいい？

会社に返却する必要があるものとしては、健康保険証、通勤定期券、制服や作業着、カギ、セキュリティキー、入館証、貸与されているＰＣ、スマートフォン、タブレットなどがあります。

出社する日に、担当者に渡したり、デスクに置いてくるなどすればよいのですが、出社する機会がない場合は、簡易書留などの方法で送付しても構いません。

◆退職時に返却すべきものとは？

まず、退職時に返却すべきものを確認しましょう。一般的に、会社からの貸与品等で返却すべきものには、次のようなものがあります。

・通勤定期券
・制服・作業着
・カギ、セキュリティキー、入館証
・貸与されているPC、スマートフォン、タブレット

また、会社の重要情報、営業秘密が記載されているものとして、次のようなものがあります。

・業務資料、報告書、図面など
・取引先の名刺
・社内規定、マニュアル

また、健康保険は会社を通じて加入しているため、退職後は別の健康保険に入り直す必要があり、会社で入っていた健康保険を原則としてそのまま加入し続けることができません。そのため、**健康保険証**は、退職の際に会社に返却する必要があります。

◆返却方法について

上記の貸与物などの返却方法ですが、**会社に出社している間は、人事総務担当者に渡す、自分のデスクの上に置いてくるなどわかりやすい方法で返却**すれば足ります。

どうしても会社とやりとりをしたくないという場合や、もう会社に出社する機会がない場合などは、どのように返却したらよいでしょうか。

すでに出社していない状況ということであれば、**会社宛に郵送**して構いません。なお、**会社に配達されたことがわかるように簡易書留などで送付**するようにしましょう。

Q27

「やめる」と伝えたら、家族や身元保証人に連絡すると言われた。

従業員が起こした業務上の問題について連絡をするのであれば、それは会社にとって許される行為であると考えられます。退職を思い止まるせるための説得する目的で身元保証人に連絡をすることも、必ずしも許されないわけではないと言えるでしょう。

ただし、すでに従業員本人が退職する意思を表明して不要な連絡を拒んでいるにもかかわらず、身元保証人となっている家族等に対して、説得を続けることは必ずしも適切とは言えないでしょう。

◆会社と身元保証人の関係

会社へと就職するにあたり、**身元保証人**を立てるように求められる場合があります。

「身元保証人」という言葉だけ見ると、従業員となる人物の素性や出自・経歴等が間違いないことだけを保証するだけといったイメージを持つかもしれませんが、実際には、従業員となる人物が業務に関連して問題を起こし、会社に損害を追わせたような場合に、その損害の賠償責任を本人と連帯して負うことを意味します（身元保証法第2条）。

そして、このような重い責任を負担しなければならないことから、身元保証人となるのは、両親や関係の近い親族といった場合がほとんどです。

◆会社からの身元保証人への通知義務

会社は、身元保証人に対して、従業員が業務に不適格である場合や、不誠実な業績があるなどして、身元保証人に責任が発生するような場合、または、従業員の業務場所や業務等の変更により身元保証人の責任が加重されたり、業務監督ができなくなってしまうような場合には、身元保証人に対してその旨を通知しなければならないとされています（身元保証法第４条）。

従業員本人と連絡が取れないような場合や、従業員が起こした業務上の問題について連絡をすること自体は、会社においても許されると考えられます。

◆会社が引き止め行為をすることは許されるのか

それでは、会社が身元保証人に対して責任追及をする場合以外、例えば、会社から身元保証人や家族へ連絡をし、退職を思い止まるよう説得をしたりするような場合に、連絡をすることは許されるのでしょうか。

例えば、「会社を簡単にやめないようにご両親からも説得してほしい」「今ここで会社をやめたら○○さんのキャリアに傷が残る」などのようにして、すでに従業員本人が退職する意思を表明して不要な連絡を拒んでいるにもかかわらず、身元保証人となっている家族等に対して、説得を続けることは、必ずしも適切とは言えないでしょう。

ただ、こうした引き止め行為が直ちに違法とまでの評価を受けるわけではありません。会社としても、従業員からの退職の申し出に対し、翻意を促すよう説得を試みること自体は許されるところ、説得行為の態様、時間、方法等に照らして、社会的相当性の範囲内であれば、ある程度許容されていると考えられているためです。

◆上司が家に押しかけて来たような場合

訪問時間や具体的な態様にもよりますが、上司がわざわざ家に押しかけて来てまで強引な説得を試みようとする場合、こうした行為は、社会的相当性の範囲を逸脱していると考えることができるでしょう。

このような強引な説得を試みようとする上司と接触してしまうと、退職を思い止まるよう強要されてしまうなどのトラブルにも発展しかねません。そこで、こうした上司に対しては、あくまで自身は退職を希望していることを重ねて強調し、強引な説得は控えてもらうよう毅然とした態度で主張することが重要です。

もし仮に、上司が家の前に居座り続けているような場合、万が一に備え、上司の行動等を撮影・録音するなどして記録し、最悪の場合は、警察へ通報することも視野に入れなければなりません。

◆強引な引き止めへの有効な対抗手段

会社からの強引な引き止めに対抗するためには、退職意思を毅然と伝えた上で、退職に関する手続き（十分な予告期間を置いての意思表示、必要な書類等の提出、十分な引き継ぎ、上司等への事前相談）をしっかり実施することが重要です。

退職日までの間、上司等からの連絡を拒む場合であっても、**人事担当者や退職に関する手続きの担当者との間では、引き続き連絡が取れるようにしておく**ことが重要です。

Q28

転職先から前の会社に問い合わせがあったときに、不利なことを言われないか心配。

個人情報保護法の施行により、前職調査を行う会社はかなり減ってきています。

転職先の会社から問い合わせがあったとしても、以前勤めていた会社の方で、個人情報保護法により情報を提供できないとして断るケースがほとんどです。

個人情報保護法の関係で今や前職調査は機能しなくなっていますから、あまり心配することはないでしょう。

◆前職調査を行う会社が少なくなった

転職先の会社が、転職元の会社に転職者のことを問い合わせることを「前職調査」といいます。

退職代行サービスを利用して退職しようとする人の中には、前職調査の際に退職代行を利用したことがばれてしまうのではないかと心配する人がいます。

実際に、前職調査の際に退職代行を利用した経緯がわかってしまったり、問い合わせに対して転職者に不利なことを言われてしまうと、転職で不利になる可能性がないとは言えないかもしれません。

しかし、結論からすると、前職調査で退職代行を利用したことが発覚する可能性は相当低いでしょう。なぜなら、**個人情報保護法により、原則として本人の同意なく、個人情報を第三者に提供してはならない**からです。

前職調査は、かつては採用にあたって日常的に行われていましたが、個人情報保護法の施行により、前職調査を行う会社はかなり減ったということです。

◆前職調査が機能しなくなった

また、仮に転職先の会社が、転職前の会社に問い合わせを行ったとしても、転職前の会社が個人情報保護法があるから、情報提供できないとして断ることになります。そのため、前職調査が機能しなくなったということです。

退職代行サービスを利用して退職したとしても、自分から「退職代行を使った」と話さない限りは、退職代行を利用した事実が転職先の会社に伝わることはないと考えてよさそうです。

Q 29

競業禁止規定のある退職合意書や秘密保持誓約書を書くよう言われた。書かなければいけない？

そのような要請に応じる必要はありませんし、応じるべきではありません。応じてしまうと、会社があなたに対して損害賠償請求等をすることができる手がかりを与えてしまうことになりかねません。

会社からそうした書類への署名をしつこく求められ、手に負えないと思ったら、弁護士に相談しましょう。

◆まずはきっぱりと断る！

競業とは、あなたが働いている会社のライバル企業に就職することなどをいい、会社は退職時にライバル企業に転職しないように競業禁止規定のある退職合意書や誓約書への署名を求めてくることがあります。

これに似た話として、いわゆる企業秘密について、転職先などに開示したりこれを自分自身が利用したりすることのないように、同様に署名を求められることがあります。

しかし、こうした会社からの要請については、原則として応じる必要はなく、まずはきっぱりと断るべきです。

確かに、会社にとってみれば、手塩にかけて育てた従業員が退職し、しかもライバル企業に転職して、これまで我が社で身につけた経験や知識を使われてしまうというのは面白い話ではないでしょう。

しかし、こうしたノウハウというのは、実は、ライバル企業を始めとする他の企業においてもあなたが習得可能であるような一般的なものであることがほとんどですし、会社が単に取引先をその従業員に奪われることを防止したいという理由で従業員に競業禁止等の義務を課すことを法律は許容していません。

秘密保持という点に限ってみても、幹部社員にでもなっていない限り、その会社で働く上で、企業秘密に接していることも多いとはいえないでしょう。

したがって、そもそも、会社があなたに対して退職後の競業禁止や秘密保持を求める実質的な根拠などない場合が多く、会社からそのような要請があってもこれに応じる必要はありません。

安易に署名してしまうと、**あなたに対して会社が損害賠償請求等をする材料を与えてしまうことになりかねませんので、断固として署名は拒否すべきです。**

◆それでもダメなら会社にきちんと説明を求める！

それでも会社が引かないようであれば、どうしてそのような文書への署名が必要なのか、きちんとした説明を会社に求めるべきでしょう。

あなたの退職が、会社にとって通常想定されるような転職であれば、退職後の競業禁止や秘密保持については、新たに会社と合意を結ばなくても、すでに就業規則にこれらの義務が盛り込まれているはずです。

また、秘密保持については、そもそも、不正競争防止法という法律により、一定の範囲内の企業秘密について退職後に利用したり漏らしたりすることが禁止されています。

こうしたことを述べて、どうして、自分の退職の場合は、就業規則や不正競争防止法以上に制限を受けなければならないのか、その理由を聞いてみましょう。

◆弁護士（退職代行サービス）の利用を

ただ、それでも埒が明かず、自分では手に負えないと思えた場合には、ためらわずに、弁護士による退職代行サービスをご利用することをお勧めします。

というのも、競業禁止や秘密保持をめぐる争いは、どのような資産や情報が（従業員に利用されるべきものではなく）企業のために守られるべきものなのか、またそうした企業の資産や情報を保護するために、元従業員の行動をどこまで制限することが許されるかといった点の判断が難しく、これらをめぐって、会社と激しく対立することになってしまう場合が少なくないからです。

何かをきっかけに、突然、会社が「サインしないなら、合意退職はさせない」、あるいは「退職金は支給しない」などといった強硬手段をちらつかせてくることもよくあることなのです。

このような事態になる前に、なるべく早めに弁護士を利用してきちんと会社と交渉してもらいましょう。競業禁止と秘密保持をめぐる争いは、退職をめぐる問題の中でも、弁護士がお手伝いできることが沢山ある分野だと思います。

Q 30

仕事の引き継ぎは何をどこまですればよい？

仕事の引き継ぎでは、あなただけしか知らない業務に関係する情報について、確実に会社に知らせるようにしてください。

引き継ぎの方法は、口頭ではダメというわけではありませんが、メモを作って、上司や後任者と共有し、必要に応じて口頭で補足するのがいいでしょう。

退職日までほとんど日がなかったり、業務を引き継ぐべき後任者が決まらないという場合でも、引き継ぎメモだけは作成して、会社に置いてくるのが望ましいでしょう。

◆従業員には業務を引き継ぐ義務がある

退職を会社に告げた後の業務の引き継ぎは、周囲に対して申し訳ないという気持ちも手伝って、なんとなく前向きになれないという人もいるのではないかと思います。

しかし、あなたの退職後も会社はこれまでと同様に滞りなく業務を続けていかなくてはならないわけですから、常識的に考えても、一定の引き継ぎをしなければならないということに異論はないと思います。

実は、法律上も、信義誠実の原則というルールがあって、**あなたが退職という権利を行使するにあたっては、会社のことも考えて、誠実に対応することが求められています。**

このため、あなたが引き継ぎの義務を果たさなかった場合には、そのせいで損害を被ったとして会社から損害賠償請求をされることも皆無ではないので、やはりきちんと引き継ぎは行うべきです。

それでは、具体的にはどのような引き継ぎを行えばよいのでしょうか。

◆引き継ぎメモを作成し、利用する

会社における立場や担当していた業務にもよりますが、考え方としては、あなただけが知っている業務に関する知識やノウハウ（例えば、取引先との交渉経過や効率的な作業の進め方など）について、上司や後任者に伝達し、できる限り説明をするということになります。

その方法としては、口頭ではダメというわけではありませんが、引き継ぎメモを作って、それを上司や後任者と共有し、必要に応じて口頭で補足するといった方法をとった方がいいでしょう。

後日、後任者がメモを見返すことができますし、あなたにとっても、きちんと引き継ぎを行ったという証拠を残せることになるからです（なお、引き継ぎメモを紙で残す場合は、必ずコピーをとって自分の手元にも残しておくことを忘れないようにしてください）。

退職日（最終勤務日）までほとんど日がなかったり、業務を引き継ぐべき後任者が決まらない（わからない）といった事情がある場合にも、引き継ぎメモだけは作成して、会社に置いてくるといった対応をとることが望ましいでしょう。

Q 31

「やめたい」と言ったら、休職を勧められたけれど、休職って何？

従業員側の事情により長期間働けないときに、一定期間勤務が免除される制度を休職といいます。メンタル不全やケガ、留学などを理由に行われることが多いようです。

休職を希望する場合は、休職制度の有無、社会保険料等の負担、私傷病による休職の場合には傷病手当金の給付を受けられるかなどを確認しておきましょう。

また、長期間休むことになるわけですから、可能な限り仕事の引き継ぎを行っておきましょう。

◆休職制度はすべての会社にあるわけではない

休職とは、主に従業員側の個人的事情で、長期間仕事ができないような場合に、労働契約を維持したまま、一定期間勤務が免除されるという制度です。

業務または通勤途上で負ったケガや疾患の場合は「労働災害による休職」などと呼ぶのに対し、業務外の個人的な事情等で休職する場合を「私傷病休職」などと呼んで区別します。

ここでは、この「私傷病休職」を前提として解説をします。

休職制度の具体的な活用場面としては、会社の業務とは関係なく病気（うつ、持病等）やケガをしてしまった場合、留学等をする場合、ボランティア等に長期間参加するような場合などに活用することが考えられます。

休職制度が会社にあれば、万が一、個人的な事情で長期間勤務ができない事情が生じたとしても、一定期間の間に復職すれば、元の会社で再度働き続けることができるので、会社をやめずに済むため、従業員が安心して働くことができます。

ここで気を付けなければならないのは、休職制度は法律上の義務ではないため、休職制度のない会社も一定数あります。長期の離職をしなければならなくなってしまった場合、まずは、自分の勤務先に休職制度があるかどうかについて、確認をする必要があります。

◆休職中は給与・賞与が出ないのが一般的

有給休暇と違い、休職中は給与や賞与が支払われないのが一般的です。ただし、休職制度の具体的内容は会社によって異なりますので、中には一定期間の給与（全額ではない場合がほとんどです）を保証しているような会社もあります。

会社に籍は残る以上、健康保険等の社会保険は加入を継続することとなります。休職中の社会保険料については、会社が負担してくれる場合もありますが、自己負担を求められることもあります。

休職中であっても当然生活費等はかかるため、休職中の生活をどのように維持するかというのは大きな問題となりますが、休職中に利用可能な経済的支援策は様々なものがあります。

例えば、会社とは関係ないことが原因でのケガや病気で休職をする場合は、**傷病手当金**というものを健康保険でもらうことができます。

会社の業務や通勤途中で負ったケガや病気の場合は、労働災害に該当することとなりますので、より手厚い補償（休業補償給付）等を受けることができます。

傷病手当金や労働災害による給付等については、次のＱ32（１７５ページ）を参照してください。

休職中に利用可能な経済的支援制度は様々なものがあるので、実際に休職に入る前に、利用可能な経済支援策等を確認しておくことが重要です。

◆「休職」と「休業」（育児休業・介護休業等）は似ているようで大違い

育児や介護を理由とする長期離職の場合、「休職」ではなく、「育児休業」・「介護休業」が利用できます。「休職」が法律上の義務ではなく、会社が独自に設けた制度であるのに対して、「育児休業」・「介護休業」は育児・介護休業法という法律上の制度ですので、法律上の要件さえ満たせば必ず申請できます。

そして、育児休業・介護休業の場合は、育児休業給付・介護休業給付という制度が雇用保険にあるため、育児休業・介護休業中も一定の給付を一定期間受けることができます（ただし、休業中に給与の8割以上の給付を受けている場合は対象外となります）。

これらはいずれもハローワークへの申請が必要となるため、育児休業・介護休業を利用される方は、ハローワークで必要な手続き等を確認する必要があります。

そして、育児休業の場合は、育児休業期間中の社会保険料が免除される制度もあります。これは事業主が申請しなければならない制度となりますので、もし仮に、育児休業中の社会保険料の負担を会社から要求された場合は、免除申請を事業主側から実施するよう求めましょう。残念ながら、介護休業については、現在のところこうした社会保険料の免除については規定されていません。

◆休職する場合に気を付けるべきこと

休職に入る前に気を付けるべきポイントとしては、次の2つです。

①引き継ぎをしっかり行うこと
②会社のサインや捺印が必要な書類はあらかじめすべて作成しておくこと

①の引き継ぎについては、引き継ぎ書を作成し、取引先への挨拶をしっかり済ませるなど、十分な引き継ぎをしておきましょう。引き継ぎが不十分だと、せっかく休職をしても、結局会社からの問い合わせ等に対応しなければならなくなってしまいます。

先ほど紹介した傷病手当金のように、休職中に受給可能な経済支援を受けようとする場合、ほとんどの場合で、申請書に会社のサイン等が必要となります。手続きを円滑に進めるために、② 会社のサインや捺印が必要な書類をあらかじめ確認し、休職前にすべて用意するようにしましょう。

Q32

メンタル不全で働けなくなったらどうすればいい？

会社の業務とは関係なくケガや病気になってしてしまい、働くことができなくなってしまった場合には、傷病手当金という給付金を受け取ることができます。概ね月収の3分の2の給付が受けられます。

ケガや病気の原因が会社にある場合には、労災を申請することで、より手厚い給付を受けることができます。

◆メンタル不全は増加している

心の不調を訴える労働者が年々増加しています。メンタル不全となった従業員はこれまでのようには仕事ができなくなって、会社を休みがちになるという話をよく耳にするようになりました。

メンタル不全になって、働くことができなくなってしまったら、どうしたらよいのでしょうか。

◆会社によっては休職制度が設けられている

一つは、会社の休職制度を利用することが考えられます。会社により違いはありますが、多くの会社が休職制度を設けており、この制度を利用して、病気が回復するまでの間、仕事を休むことができます。

休職制度の詳細については、Q31（168ページ）を参考にしてください。

◆休職制度により十分な給与が支払われない場合には、まずは傷病手当金の申請を

休職制度がない、あるいは、あっても十分な給料が支給されない場合には、まず利用を考えるべきなのが、**傷病手当金**という制度です。健康保険に加入していれば、だれでも利用することができます（ただし、自営業者が加入する国民健康保険は除きます）。

この制度を利用することで、ボーナスを除いた平均月収の概ね3分の2の額を、最長で1年6か月の間、受け取ることができます。

申請方法は、加入している健康保険組合の窓口等やホームページなどから申請書を取り寄せ、本人、会社、医師が必要事項を記入して、健康保険組合に提出するという流れになっています。

◆会社が原因でメンタル不全になった場合には労災給付を受けられる

次に、労災保険を申請して給付を受けるという方法があります。労災保険とは、会社の

業務（長時間労働やハラスメントなどを含みます）によってケガや病気になった場合に保険給付が受けられる制度であり、パート・アルバイトの方を含めて、原則としてすべての従業員の方が利用できます。

他のケガや病気の場合と同様に、メンタル不全の場合も、それが労災である（会社の業務によって発生したものである）と認定されれば、**休業補償給付、休業特別支給金**をはじめとする手厚い各種給付が受けられます。

なお、**労災認定された場合には、傷病手当金は支払われない**ことになります。

◆労災認定には時間がかかる。まずは傷病手当金の受け取りを検討しよう

メンタル不全は、外部からは客観的に病状を把握するのが簡単ではないという特徴があります。また、それが仕事を遂行したことにより発症したものであるかどうかという判断にも時間を要することが少なくありません（特にハラスメント行為の場合）。

このため、労災認定がされるまでの間は、傷病手当金を受け取って最低限の生活資金を

確保しつつ、並行して労災申請を行い、その結果を待つといった方法をとることもできます。なお、労災認定がされた場合には、すでに受け取った傷病手当金は返金することになります。

◆労災の認定基準は公表されている！

メンタル不全の労災認定の基準は、厚生労働省から「心理的負荷による精神障害の労災認定基準」として公表されています。

決してわかりやすいとはいえない内容ですが、例えば、労災認定の対象となる精神疾患を発症し、その発症直前の連続した2か月間の1か月あたりの残業時間が概ね120時間以上であるか、発症直前の連続した3か月間の1か月あたりの残業時間が概ね100時間以上である場合には、原則として業務によるものであるとされています。

また、セクハラやパワハラの場合の心理的負荷の評価方法についても具体例を掲げて示していますので、自分のケースはどれにあたり、どれくらい重大であるのか参考にするとよいでしょう。

◆メンタル不全による労災認定の実情と手続き

現在、年度によって多少の増減はありますが、メンタル不全を理由とする労災申請のうち、概ね３～４割は労災認定がされています。

労災申請の手続きは、職場がある場所を管轄する労働基準監督署（労働基準監督署の所長）に対して行うことになります。なお、申請用紙には、会社が書かなければならない欄（事業主証明）がありますが、会社の協力が得られない場合には、空欄のままでも申請が可能です。

COLUMN

会社の待遇について従業員の不満が多いのはどんなこと？

弁護士として、経営者から「待遇を不満に思う従業員が多いようだが、どうしたらよいのか」というご相談を受けることがあります。

従業員から、会社の待遇について不満が出ている場合、その原因は様々ですので、経営者としては、まず従業員の話をきちんと聞くことが最も重要です。

ただし、従業員から不満が出る場合、特に多いのは、①給料と、労働時間や業務内容が見合っていない、②従業員間の取り扱いが不公平である、という2点であるように思われます。（もちろん、他にも多くのケースがありますが、ここでは割愛します。）

経営者と従業員とでは、働くことに対するスタンスが全く違う

そもそも、会社の経営者と従業員とでは、働くことに対するスタンスが、基本的に異なります。

経営者は、特に創業者の場合には（いわゆる創業者社長）、会社＝自分という感覚になりやすく、昼夜休まずに、ときには私生活を犠牲にしてでも、働くことが苦にならない傾向にあります。

反対に、従業員は、経営者・上司の指示にしたがって仕事をこなすことにより、決まった額の給料を受け取る立場にあります。そのため、同じ給料をもらうのであれば、仕事は少ない方がいいと考えるのも、ある意味、従業員の立場からすれば、合理的な考え方です。

従業員は、会社の仕事をこなすことにより、会社の事業、そして社会に貢献しています。従業員にとっても、会社の仕事は「自己実現」という側面を持つという点は否めません。それはそうなのですが、従業員の全員が、経営者と同じ熱意や志を持っているとは限りません。

従業員にとって、勤務先の会社は一つの選択肢に過ぎず、別の会社を選ぶこともできます。今の会社のために人生を捧げる義理はないのです。

本当に当たり前のことなのですが、経営者は、全従業員が自分と同じ感覚であると妄信しないことが大事です。経営者と従業員は、基本的に立場が異なるのです。

従業員から不満が出やすい点

従業員から不満が出る場合、次の2つの場合が多いように思います。

①給料と、労働時間や業務内容が見合っていない

最も多いケースとして、やはり、自分の働きに見合うだけの給料がもらえていない、と感じるような場合には、従業員は不満を持ちやすいように思います。

最近、人手不足を背景に「働き方改革」が進められ、有給休暇の取得が促されたり、残業時間の規制が厳しくなったりしてきています。また、最低賃金は上がり続け、東京都の場合、2000年（703円）に初めて700円を超えたばかりであったところ、

２０１０年（８２１円）には８００円を超え、２０１５年（９０７円）には９００円を超え、２０１９年には１０００円を超えて１０１３円となりました。

従業員の提供する労働力の希少価値は高まっており、従業員に長く同じ会社で働いてもらうためには工夫が必要な時代です。経営者としては、自らの経営努力により生産性を向上させるとともに、そのしわ寄せが従業員に及ばないような注意を払っていかないと、従業員は、次の職場を見つけて転職してしまいかねません。

経営者にとっては大変な時代かもしれませんが、その厳しい現状を理解しておく必要があると思います。少なくとも、従業員を「雇ってあげている」という感覚は、いったん捨てた方がいいと思います。

②従業員間の取り扱いが不公平である

経営者は意外と見落としがちな点なのですが、従業員は、同じ従業員同士の不公平に、経営者が想定している以上に敏感です。

特に、会社の仕事に打ち込んでおり、事業に対して貢献しているという自覚の強い従業員ほど、自分よりも能力が低い（と思われる）従業員の待遇が、自分と大差がない、または、自分よりも上であると知ったときには、不公平感と嫉妬を感じる傾向にあると思います。そうでなくとも、従業員は、会社が自分を社内でどのような位置づけとして評価しているのか、気になるものです。

従業員の雇用には、経営者側の裁量が大きく働きやすく、いわばブラックボックス的な側面が否めません。だからこそ、就業規則や賃金規程などで給与体系を明確にし、時間管理を厳格に行い、人事評価の基準をある程度明らかにして、経営者が特定の従業員をえこひいきする余地（難しい言葉で「恣意性」ともいいます）を排除しておく、といったことが重要になってきます。

このように、可能な限りで人事労務の透明化を進めていくことは、従業員間の公平を名実ともに保ち、ひいては従業員のモチベーションを維持する上で、大切だと思います。

従業員との対話の機会を持つことが大事

従業員からの不満がどういったところにあるのか、まずは従業員の声を聴いてみることが大事です。定期的に面談をするという手法も有効です。

ただ、経営者には理解して頂きたいのですが、従業員は、100%の本音を、経営者に話すとは限りません。むしろ、そのようなことの方が圧倒的に少ないと思います。多くの従業員は、当たり障りのない内容にまとめて、あるいは、本当に話したいことは伏せて、意見を述べることが多いと思います。いつも、従業員の声に真摯に耳を傾けているかどうか、従業員から出た不満に対して怒ったり無視・軽視したりしていないか、従業員が経営者に対して意見を言いやすい環境作りを心掛けているか、胸に手を当てて振り返って頂きたいと思います。

また、いわゆる「声の大きい」人の意見ばかり取り入れることは、かえって従業員間の不公平を拡大させることにもつながりかねません。経営者の偏見で一方的に決めつけることなく、多角的な観点から情報を集めていくことが重要です。

なお、いわゆる「飲みニケーション」の重要性も否定はしませんが、各家庭に事情があり、毎日帰宅を急ぐ必要のある従業員も多い昨今ですので、ランチ会など、業務時間内や昼間に、コミュニケーションの時間を収める方向も検討すべきであるように思います。

結局のところは、経営者と従業員との間の信頼関係がきちんと構築されており、従業員がストレスなく働ける会社になっているかどうか、という点が重要です。その前提として、経営者と従業員は立場が異なるのだから、相手が自分と同じように考えているとは限らないという点について、折に触れて意識して頂きたいと思います。

第4章

損しないように知っておくべきやめる時&やめた後の手続き情報

Q33

退職前後に行う社会保険の手続きについて教えてください。

会社を退職したときや新しい会社に転職するときには、社会保険の変更手続きを行う必要があります。

社会保険とは、主に**雇用保険**、**健康保険**、**年金保険**の3つを指します。

雇用保険とは、労働者が失業した場合に、生活の安定や再就職を促進するために失業給付などを支給する保険をいいます。

健康保険とは、業務外での病気やケガ、死亡、出産等に対して、その費用の一部を国や会社が負担する保険です。

そして年金保険とは、老後や障害、死亡などの将来的なリスクに備えて給付を行うための保険です。

ここでは、転職する会社が決まっている場合と、いったん無職となり転職先を探す場合に分けて具体的な手続き方法をご説明します。

◆転職先が決まっている場合の手続き

転職先で新たに社会保険の加入手続きを行います。

すべての社会保険手続きは、基本的に転職先の会社の担当者が行ってくれます。あなた自身が直接手続きを行う必要はありません。

ただし、手続きをするにあたっては次の書類等が必要になりますので、準備の上、転職先の担当者に提出するようにしてください。

【転職先が決まっている場合の社会保険（雇用保険、健康保険、年金保険）手続きに必要なもの】

□雇用保険被保険者証
□年金手帳
□マイナンバーが確認できる資料（マイナンバーカード、通知カード、個人番号の記載のある住民票いずれか）
□扶養義務がある場合は健康保険被扶養者（異動）届

なお、雇用保険被保険者証や年金手帳は前職の企業が加入手続き終了後に保管している場合もあります。その場合は返却を依頼するようにしましょう。

紛失してしまった、もしくは転職先の手続きに間に合わないなどの事情がある場合は、雇用保険被保険者証はハローワークで、年金手帳は年金事務所で再発行してもらうことができます。年金手帳は交付に数週間かかる場合もありますのでご注意ください。

◆いったん無職となり転職先を探す場合の手続き

①雇用保険について

基本手当（失業手当）を受給する場合は、次の書類等を持参の上、現住所を管轄しているハローワークに行って手続きを行います。給付金の受給期限は原則として離職の翌日から1年間ですので、手続きはなるべく早めに済まされることをお勧めします。

【雇用保険手続きに必要なもの】

- □離職票一・二
- □マイナンバーが確認できる資料（マイナンバーカード、通知カード、個人番号の記載のある住民票いずれか）
- □写真付きの身分証（運転免許証、パスポートなど）
- □証明写真2枚
- □印鑑
- □本人名義の預金通帳またはキャッシュカード

②健康保険について

健康保険は、**㋐国民健康保険に加入する**、**㋑退職した会社の健康保険を継続する（任意継続）**かのどちらかを選択し、手続きします。

㋐国民健康保険に加入する場合

退職日の翌日から14日以内に、次のものを持参して**市区町村役場**で手続きします。

【国民健康保険の加入手続きに必要な書類等】

□マイナンバーカード。マイナンバーカードがない場合は、個人番号確認書類（マイナンバー通知カード、マイナンバー記載の住民票）および身元確認書類（運転免許証、パスポート、在留カードなど）

□印鑑

□退職日を証明できる書類（社会保険被保険者資格喪失証明書、退職証明書、離職票など）

㋑退職した会社の健康保険を継続する場合

これまで加入していた健保組合または協会けんぽの都道府県支部にて手続きください。**退職した日の翌日から20日以内**の手続きが必須となります。なお、加入条件として、社会保険の資格喪失以前、継続して2か月以上の加入期間があることが必要です。また、最大2年間の限定加入となりますのでご注意ください。

【退職した会社の健康保険を継続する場合の手続きに必要な書類等】

- □健康保険任意継続被保険者資格取得申出書
- □身分証明書
- □印鑑
- □扶養がある場合は扶養関係を証明できる資料

③年金保険について

厚生年金から国民年金への変更手続きが必要となります。国民健康保険の手続き同様、次の書類等を持参の上、**市区町村役場**で手続きください。原則として退職日の翌日から14

日以内の手続きが必要です。

【年金保険の手続きに必要な書類等】

- 年金手帳
- 退職日を証明できる書類（社会保険被保険者資格喪失証明書、退職証明書、離職票など）

※これらの書類は、退職時もしくは退職手続き終了後に会社から受け取ります。退職証明書は必要に応じて作成してもらう書類です。

- マイナンバーカード。マイナンバーカードがない場合は個人番号確認書類（マイナンバー通知カード、マイナンバー記載の住民票）および身元確認書類（運転免許証、パスポート、在留カードなど）

Q34

退職にあたって知っておいた方がいい税金のことについて教えてください。

従業員が会社を退職する際には、基本的に、所得税、住民税という2種類の税金についての手続きを確認しておく必要があります。

一つの会社でずっと働いている限り、税金を意識する機会はそう多くないと思います。

それは、会社が従業員の納めるべき税金について、代わりに手続きを行って納めているからです。従業員は、自分では何も手続きをしていないつもりでも、給与から天引きされる形で、ちゃんと所得税と住民税といった税金を納めているのです。

◆所得税――年末調整と確定申告

所得税は、国に納める税金です。毎年1年間（1月～12月）の収入金額から必要経費（会社の従業員の場合は、収入に応じた「給与所得控除額」）を差し引いた所得金額（さらに、そこから個人ごとの事情に応じた「所得控除」の合計額を差し引いた課税所得金額）に、税率をかけて計算します。（厳密には、さらにそこから、住宅ローン控除等の「税額控除」の合計額を差し引きます）。

式にすると、次のような形になります。

給与の所得税額＝（収入金額－給与所得控除額－所得控除合計額）×税率－税額控除合計額

会社員の場合は、所得税は基本的に給与から天引きされています。これを「源泉徴収」

といい、源泉徴収の金額は個人ごとの事情は（扶養親族等の数以外は）考慮しておらず、あくまで概算額の仮払いのようなものです。例えば、生命保険料や地震保険料を支払っている場合には、一定額が「所得控除」の対象になりますが、これらは「源泉徴収」の金額には反映されていないのです。

そこで、所得税については、概算額と最終的な金額との調整を行うことになります。これが、「年末調整」です。通常、会社の従業員は、自営業者のように「確定申告」を行う必要はありません。（兼業している場合、医療費を多く支払ったなど、一定の場合には「確定申告」が必要なこともあります。）

もっとも、退職した後、**年末までに再就職していなかった場合には、原則として、「年末調整」が行われないことから、自分で翌年3月15日までに「確定申告」をして、最終的な所得税の金額を確定させる必要があります。**一方、年末までに再就職していた場合には、再就職先の会社で「年末調整」をしてもらえることがあります。

いずれの場合であっても、退職した会社から「源泉徴収票」を受け取る必要があります。源泉徴収票は、翌年1月31日まで（年の途中で退職した場合は、退職日以後1か月以内）に会社が交付する義務のあるものです。

通常の会社であれば、問題なく源泉徴収票を発行してもらえると思いますが、頼んでも会社が発行してくれないというケースも稀にあるようです。

そのような場合には、税務署に「源泉徴収票不交付の届出書」を提出して、会社から「源泉徴収票」を発行してもらえるように税務署から会社への指導を促すこともできます。もっとも、退職した会社の給与明細が残っていれば、「源泉徴収票」がなくとも事実上足りることもあります。

退職金が出た場合には、「退職所得の受給に関する申告書」を会社に提出します。

退職金は「退職所得」とされ、通常の給与よりも税金面で優遇（退職所得控除があり、退職所得の2分の1にしか課税されません）されているのですが、この申告書を会社に提出することで、そのような優遇された取り扱いを受けることができるのです。

仮に、退職所得の受給に関する申告書を会社に提出しなかった場合には、多めの金額（具体的には、支払額に20・42%の税率をかけて計算した所得税・復興特別所得税の額）が天引き（源泉徴収）されることになりますので、そのような場合には、翌年3月15日までの「確定申告」で還付を受ける必要が生じます。

◆住民税――特別徴収と普通徴収

住民税は、前年1月から12月までの所得等に基づいて計算され、6月から翌年5月まで12等分された金額を、住所地の市区町村に支払う必要があります。

自営業者は、市区町村から送られてきた納付書によって、自分で市区町村に住民税を支払う必要があります（これを「普通徴収」といいます。）。これに対し、通常の会社の従業員は、住民税が毎月の給与から天引き（これを「特別徴収」といいます。）されており、会社が従業員に代わって各市区町村に納める形を取ります。

ただし、従業員が会社を退職した場合には、退職の時期に応じて、次の2パターンに分かれます。

① 1～5月に退職した場合

退職した月～5月分が、給与から一括で天引き（「一括徴収」といいます）されます。

② 6～12月に退職した場合

退職した月までは「特別徴収」されますが、その翌月以後については「普通徴収」に切り替わります。希望した場合には、退職した月から翌年5月までの住民税をまとめて「一括徴収」してもらうことも可能です。また、再就職先がすぐ決まったような場合には、再就職先から「特別徴収」してもらえることもあります。

なお、退職金の退職所得にかかる住民税は、基本的に、その年の分として、そのまま退職金から天引き（特別徴収）されます。この点で、通常の給与とは取り扱いが異なります。

◆会社員は税金に対する意識が希薄になりやすい

会社に勤めているうちは、基本的に税金を給与から天引きされているため、納税する感覚がなんとなく希薄になりがちです。また、税金の仕組みは非常に複雑で、理解が難しいことも多いです。

しかし、だからこそ、なるべく税金に興味を持とうとする姿勢が大事だと思います。今後は、人生百年時代ですので、特に老後の資金を確保するため、個人であっても、資産運用や、コストとしての税金を意識する必要性が高まってきます。

これを機に、自分の生活の中でどのような税金がかかわっているのか、少し気にしてみる習慣をつけるとよいかもしれません。

著者紹介

【弁護士による退職代行サービス研究会】

東京弁護士会の若手中堅弁護士有志を中心に２０１９年に結成。退職代行のサービスを行っている弁護士と退職手続業務を行う社会保険労務士とで構成され、退職にまつわる相談・依頼をスムーズに解決するために、研究や執筆活動を行っている。

執筆者（50音順）

【荒川 香遥】（あらかわ こうよう）

弁護士（東京弁護士会所属）、僧侶。

学習院大学法科大学院修了。

主として使用者側の労使トラブルを取り扱い、宗教法人内部の労務トラブル等にも精通している。

共著に『Q&A宗教法人をめぐる法律実務』（新日本法規出版）、『事例式 寺院・墓地トラブル解決の手引』（新日本法規出版）がある。

◎執筆箇所 Q2［LINEで「やめたい」と連絡すればやめられる？］、Q3［退職願と退職届の違いは？ 退職願を出すだけではやめられないのか？］、Q4［退職理由はどうしても会社に伝えなければならないの？］、Q5［退職するけれど、なるべく迷惑をかけたくない。どうすればいいのか？］

◎連絡先 弁護士法人ダーウィン法律事務所
https://darwin-law.jp/

【牛島 貴史】（うしじま たかふみ）

弁護士（東京弁護士会所属）。

慶應義塾大学法学部法律学科卒業、明治大学大学院法務研究科法務専攻修了。

東日本大震災による原発事故被災者支援弁護団における被災者支援や明治大学法科大学院での教育補助講師業務など、多岐にわたる活動を行っている。

共著に『裁判例からつかむ 従業員不祥事事件の相談実務』『こんなところでつまずかない！ 交通事故事件21のメソッド』『こんなところでつまずかない！ 交通事故事件の実務用語事典』『こんなところでつまずかない！ 相続事件21のメソッド』（以上、第一法規）、『下請契約トラブル解決法（第3版）』『起業と経営の基本知識がわかる本（第2版）』『事例でわかる相続法改正』（以上、自由国民社）、『図解 建築紛争事例便覧』（新日本法規）がある。

◎執筆箇所 Q6［就業規則に「3か月前までに申し出」と書いてあったら、今、退職を申し出ても3か月後でないとやめられない？］、Q8［年俸制の社員や契約社員でも退職の申し出から2週間でやめられる？］、Q9［「退職は認めない」と言われてしまったらどうすればいい？］、Q20［会社が出した研修費や留学費をやめるときに返さなければいけない？］

◎連絡先 吉野高法律事務所

【小澤 亜季子】（おざわ あきこ）

弁護士（東京弁護士会所属）、社会保険労務士（東京都社会保険労務士会所属）。

早稲田大学法学部卒業（3年次修了後、法科大学院へ進学）、早稲田大学大学院法務研究科修了。

退職・解雇、ハラスメント等の労働トラブルを労使双方の立場から取り扱う。特に退職代行については、早期より取り組み、テレビ、ラジオ、新聞、ウェブニュース等に協力し、コメント等を提供。労使関係や労働分野のセミナーも多数開催している。

著書に『退職代行』（SBクリエイティブ）、共著に『ガイドブック民事保全の実務』（創耕舎）、『遺産分割実務マニュアル 第3版』『証拠収集実務マニュアル 第3版』（以上、ぎょうせい）がある。

◎執筆箇所 Q7「明日から出社したくない。即日やめることはできるのか?」、Q14「退職代行サービスを利用してやめるのはアリなのか?」

◎連絡先 センチュリー法律事務所
https://century-law.com/
弁護士による退職、内定辞退、役員辞任サービス
https://taisyoku-daikou.com/

【川西 智恵】（かわにし ちえ）

社会保険労務士（東京都社会保険労務士会 千代田支部所属）。

◎執筆箇所 Q33「退職前後に行う社会保険の手続きについて教えてください。」

【北村 尚弘】（きたむら なおひろ）

弁護士（東京弁護士会所属）。

東京大学法学部卒業、東京大学法科大学院修了。

◎執筆箇所 Q10「退職届を出したら上司に突き返された。どうすればいい?」、Q11「「引き継ぎが終わっていないから」「後任が決まるまで」などと退職日を引き延ばされた。」、Q12「退職の意思を伝えたら、逆に「クビにする」と言われた。本当にクビになるのか?」、Q25「退職日まで休むことになったが、その期間に転職先で働いたり、研修に出てもいい?」

◎連絡先 センチュリー法律事務所
https://century-law.com/

【木村 佐知子】（きむら さちこ）

弁護士（東京弁護士会所属）。

秋田県立秋田高校、東京大学法学部卒業、中央大学法科大学院修了。

性別にかかわりなく、能力を発揮できる働き方に関する制度設計に興味を持ち、現在、東京弁護士会男女共同参画推進本部委員として活動中。同様に、フリーランス・小規模自営業者の権利保護についても問題意識を持つ。

共著に『遺言書・遺産分割協議書等条項例集』（新日本法規）がある。

◎**執筆箇所**　Q13［雇われていると思っていたら業務委託だそう。業務委託は2週間で退職できないの?］、Q15［退職が決まり、有給休暇を取得中。ボーナスはもらえるか?］、Q17［退職の申し出をしたら、給与や退職金を減らすと言われた。本当に減らされるのか?］、Q21［やめると言ったら、損害賠償を請求すると言われた。］

◎**連絡先**　さくら共同法律事務所

https://www.sakuralaw.gr.jp/

【小林 洋介】（こばやし ようすけ）

弁護士（東京弁護士会所属）、社会保険労務士（東京都社会保険労務士会所属）。

慶應義塾大学法学部法律学科卒業、東京大学法科大学院修了。

共著に『事業再生ADRの実務』（金融財政事情研究会）、『金融機関の法務対策５０００講 V』（金融機関財政事情研究会）がある。

◎**執筆箇所**　Q23［有給休暇を消化したいのに、「うちの会社にはない」と言われた。］、Q24［やめる前に有給休暇を全部使えないなら買い取ってもらえる?］、Q26［健康保険証、入館証、会社から借りていた物などの返却はどうすればいい?］、Q28［転職先から前の会社に問い合わせがあったときに、不利なことを言われないか心配。］

◎**連絡先**　翔和総合法律事務所

http://www.showa-law.com/

【皿谷 将】（さらや しょう）

弁護士（東京弁護士会所属）、認定経営革新等支援機関。

東京大学法学部卒業、東京大学法科大学院修了。

共著に『専門家のための事業承継入門 事例で学ぶ! 事業承継フレームワーク』（ロギカ書房）がある。

中小企業の事業承継・M&Aを中心に、講演・セミナー等も行っている。

◎**執筆箇所**　Q16［長年勤めたのに「退職金がない」と言われたが納得できない!］、Q18［退職した後でも、残業代をもらうことができるのか?］、コラム［会社の待遇について従業員の不満が多いのはどんなこと?］、Q34［退職にあたって知っておいた方がいい税金のことについて教えてください。］

◎**連絡先**　センチュリー法律事務所

https://century-law.com/

【重富 智雄】（しげとみ ともお）

弁護士（東京弁護士会所属）。

慶應義塾大学商学部卒業、中央大学法科大学院修了。

弁護士登録後、システム開発会社で企業内弁護士として3年間勤務。その後、丸の内中央法律事務所に移籍し、現在に至る。

共著に『こんなところでつまずかない！弁護士21のルール』（第一法規株式会社出版）、『取引先とのトラブル対応』（ビジネス法務２０１５年10月号）、『Specialist Eyes』（法曹養成と臨床教育 No.9、２０１６年）がある。

◎執筆箇所　Q19「会社からお金を借りて給料天引きで返しているけれど、退職後はどうしたらいい？」、コラム「あなたのお金、会社に残っていませんか？」、Q27「「やめる」と伝えたら、家族や身元保証人に連絡すると言われた。」、Q31「「やめたい」と言ったら、休職を勧められたけれど、休職って何？」

◎連絡先　丸の内中央法律事務所　http://www.mclaw.jp

【十時 麻衣子】（とときまいこ）

弁護士（第二東京弁護士会所属）。

青山学院大学法学部卒業、学習院大学法科大学院法務研究科修了。

論文に『弁護士等のマネー・ローンダリング対策 ～依頼者の本人特定事項の確認、記録保存と年次報告書』（「自由と正義」２０１８年８月号掲載）、共著に『法曹の倫理［第三版］』（森際康友編、名古屋大学出版会、２０１９年）がある。

◎執筆箇所　序章「会社をやめたい。でも、やめられない……」、Q１「会社をやめることについてのルールはどうなっている？」

◎連絡先　東京すばる法律事務所

https://www.t-subarulaw.com/

弁護士による退職、内定辞退、役員辞任サービス

https://taisyoku-daikou.com/

【三澤 正大】（みさわ まさひろ）

弁護士（第二東京弁護士会所属）。

東京大学経済学部卒業、東京大学法科大学院修了。

分担執筆として『完全対応 新個人情報保護法―Q&Aと書式例―』『Q&A改正個人情報保護法―パーソナルデータ保護法制の最前線―』（以上、新日本法規）、共著に「平成25年改正でこう変わる！独禁法実務の新ポイント第３回「被害者」にとっての改正独禁法」（ビジネス法務２０１４年10月号）がある。

２０１９年1月カミーノ法律事務所開設。

◎執筆箇所　Q22「パワハラの慰謝料を請求したいが、どうすればいい？」、Q29「競業禁止規定のある退職合意書や秘密保持誓約書を書くよう言われた。書かなければいけない？」、Q30「仕事の引き継ぎは何をどこまですればよい？」、Q32「メンタル不全で働けなくなったらどうすればいい？」

◎連絡先　カミーノ法律事務所

https://www.cammino-law.com/

退職《たいしょく》のプロが教《おし》えます！
会社《かいしゃ》のきれいなやめ方《かた》

2020年3月27日　初版　第1刷発行

著　者　弁護士《べんごし》による退職代行《たいしょくだいこう》サービス研究会《けんきゅうかい》
発行者　伊藤滋
印刷所　横山印刷株式会社
製本所　新風製本株式会社
ＤＴＰ　株式会社CAC
発行所　株式会社自由国民社
〒171-0033　東京都豊島区高田3-10-11
営業部　TEL03-6233-0781　FAX03-6233-0780
編集部　TEL03-6233-0786　URL　https://www.jiyu.co.jp/